生活科で子どもは何を学ぶか

キーワードはカリキュラム・マネジメント

須本良夫 編著

Sumoto Yoshio
What do children learn in Living Environment Studies?

東洋館出版社

はじめに

○同じエコでもハイブリッドカーから電気自動車へ

　不易と流行。学習指導要領が改訂されるたびに，教師に問い直されてきたことである。一番大きな重要な不易な点は，子どもの成長を願い，いつも自立や人格の形成を目指してきたことであろう。2017年3月に告示された学習指導要領でも，その部分は変わらないところである。

　前回の改訂では，「知識基盤社会」（knowledge-based society）の時代とされ，「知識には国境がなく，グローバル化が一層進む」「知識は日進月歩であり，競争と技術革新が絶え間なく生まれる」「知識の進展は旧来のパラダイムの転換を伴うことが多く，幅広い知識と柔軟な思考力に基づく判断が一層重要になる」「性別や年齢を問わず参画することが促進される」など新しい知識観や社会参画の重要性がとなえられた。学習指導要領が，かつて見られた振り子の揺れからハイブリッド（系統的な知識と児童中心の学びの統合）への移行も，世の中の要請が大きく影響している。

　今次改訂はどうであろう。基本的な流れは継続している。しかし，その在り方は社会が環境に良いからとエコカーを求めつつも，ハイブリッド車から電気自動車へ舵を切り始めているように，これから10年の間に，ハイブリッドな前回指導要領とは異なる「資質・能力」というバージョンアップされた動力を，学習者へ備え付けようとしている。

○コンピテンシーベースへの移行

　OECD（経済協力開発機構）の「キー・コンピテンシー」の概念については，グローバル化が進行し続ける社会の情勢では，多様な価値観を乗り越え，相互作用的に道具を用いながら理解を図るために必要な能力とされた。世界の各国でも社会の変化に対応するため，コンピテンシーベースの教育は進められている。

　わが国においても，その具現化は，学校教育の喫緊の課題ともいえる。これからの社会で必要な資質・能力を育成するためには，学校教育においても，自ら課題を発見し，協働的，主体的に知識やスキルを活用

し，課題への最善解をつくり出すような学習が求められる。

　しかし，そうした学習は，これまでの学校教育で実践やスキルが十分にあるとは言い切れない。これまでは，コンテンツ（学習内容）をどう伝えるかと，その達成状況が問われてきた。つまり，教育の方向性は変わってはいないが，指導要領改訂に定められた『何を学ぶか』『どのように学ぶか』『何ができるようになるのか』といった資質・能力を，教師自身が改めて整理できなければ，効率的なバッテリーの設置を目指す学習指導要領も失速しかねない。

○気がつけば　先頭は生活科

　コンピテンシーを育成する学習では，当然その学習レリバンス（学習の意義や有効性）を子どもたちに実感させることが必須である。これまでコンピテンシーの育成は学校教育では，あまり実践されていなかったと記したが，実は生活科や総合的な学習の時間は，まさにそうしたアプローチからの学びを核とした教科なのである。まさに，これから学校教育を牽引するのが，生活科の学習ともいうことができる。

　一方で，生活科の歴史を振り返れば，気付き→知的な気付き→気付きの質の高まりと，この30年間は「気付き」という言葉を十分に処理し切れなかったという弱みもある。「気付き」に関して困惑してきた教育現場にしてみれば，「分からないコンテンツ（学習内容）にふり回されないで，活動と対話をしておけばよいから一安心」という声も聞こえてきそうである。しかし，コンピテンシーを深めていくには，その活動にかかわる気付きはこれまでどおり重要なのである。

　ぜひ，本書を通して生活科が本来求めていたコンピテンシーの育成，活動が中心にある意味，子どもたちに学びのレリバンスを実感させるとはなどを整理し，新学習指導要領に対応した授業を創り上げていきたいものである。

　最後に，本書は読者自身が主体的な読み手として参加できるよう，各章の最初に書き込みのスペースを設けてある。ぜひ，各章を読む前にこれまでの自分の授業観を整理されてみてはどうであろう。

（筆者　一同）

目　次

はじめに ……………………………………………………………………… 1

〈理論編〉

第1章　生活科教育のこれまでとこれから ………………………… 5

第2章　生活科の目標と気付き ……………………………………… 15

第3章　低学年の児童の実態 ………………………………………… 37

第4章　生活科におけるカリキュラム・マネジメント …………… 61

第5章　子どもの成長を引き出す評価 ……………………………… 81

トピック1
【図工の造形遊びと生活科の違いはどこ】……………………… 101

《実践編》

第6章　アリの目と鳥の目の往復で広がる世界の育成を目指した
　　　　授業 ………………………………………………………… 103

第7章　抽象と具体の往復で深化する気付きの変化を目指す授業
　　　　……………………………………………………………… 111

第8章　地域の中で自分の存在を見つめる授業 ………………… 119

第9章　小さな主権者の育成を目指す授業実践 ………………… 129

第10章　問題の発見は活動を繰り返すことから生まれるといった
　　　　授業 ………………………………………………………… 139

第11章　大切なことは生活科の遊びから学んだといえる授業 ····· 147

第12章　低学年なりの表現を活かす生活科 ················· 157

第13章　低学年だからこそp4c ························· 167

トピック2
【自然認識の芽を育てるあそび紹介】 ······················· 175

付録　小学校生活科学習指導要領新旧対照表 ············ 178

　　　幼稚園教育要領 ····························· 182

　　　保育所保育指針 ····························· 192

編者・執筆者紹介 ································· 210

第1章

生活科教育の これまでとこれから

この章は，生活科の誕生の経緯とその背景を考える章です。

あなたは，この章のタイトルからどんなことを明らかにしていきたいですか。

Main question は？（あなたが解決したい問題）

その解決のために，解明したい Sub question を3つ考えましょう。

① ② ③

本章を学び（読み）終えたとき，あなたは大きな問いへどんな気付きを見つけましたか。最後に振り返ってみましょう！

では，1章の始まりです。

① 生活科教育の課題と改善のポイント

(1) 新学習指導要領へ

　平成29年3月，学習指導要領の告示がされた。今回の改訂では，中央教育審議会答申で述べられた，"よりよい学校教育を通じて，よりよい社会を創る"という目標の下，学校と社会が連携・協働しながら，新しい時代に求められる資質・能力を子どもたちに育む「社会に開かれた教育課程」の実現が大きく求められることになった。

　もちろん社会に開かれた教育課程にしていくためには，学校だけではなく家庭，地域の関係者との意識の共有が必要であり，活用していかなければならない。そこで平成29年版学習指導要領では，次の6点を学校教育の骨格に据え，各学校において「カリキュラム（スクール）・マネジメント」を求め，その具現化がなされることになったのである。

> ①「何ができるようになるか」（育成を目指す資質・能力）
> ②「何を学ぶか」（教科等を学ぶ意義と，教科等間・学校段階間のつながりを踏まえた教育課程の編成）
> ③「どのように学ぶか」（各教科等の指導計画の作成と実施，学習・指導の改善・充実）
> ④「子供一人一人の発達をどのように支援するか」（子供の発達を踏まえた指導）
> ⑤「何が身に付いたか」（学習評価の充実）
> ⑥「実施するために何が必要か」（学習指導要領等の理念を実現するために必要な方策）

　新学習指導要領では，これまでの学習指導要領で掲げられた「生きる力」を具現化し，教育課程全体で資質・能力の育成につながる教育実践を，いかに構築していくかが問われている。

　生活科も今回の改訂で，4回目の改訂となった。前回の学習指導要領

改訂である。平成20年版には次の5点が生活科の課題として取り上げられた。
①体験が重視されすぎ、気付きを質的に高める指導の不足。
②思考と表現の一体化がなされていないのではないか。
③知的好奇心を高め、科学的な見方・考え方の基礎を養う必要性。
④生命の尊さや自然事象について体験的に学習することの重視。
⑤幼児教育と小学校教育の連携の見直し。
　今回の改訂は、この5点の課題解消に努めた後の成果と新たな課題の産物となっているはずである。
　それについて、今回の学習指導要領解説では、次のようにまとめられた。

（成果）
　各小学校においては、身近な人々、社会及び自然等と直接関わることや気付いたこと・楽しかったことなどを表現する活動を大切にする学習活動が行われており、言葉と体験を重視した改訂の趣旨がおおむね反映されているものと考えることができる。
（課題）
・活動や体験を行うことで低学年らしい思考や認識を確かに育成し、次の活動へつなげる学習活動を重視すること。「活動あって学びなし」との批判があるように、具体的な活動を通して、どのような思考力等が発揮されるか十分に検討する必要がある。
・幼児期の教育において育成された資質・能力を存分に発揮し、各教科等で期待される資質・能力を育成する低学年教育として滑らかに連続、発展させること。幼児期に育成された資質・能力と小学校低学年で育成する資質・能力とのつながりを明確にし、そこでの生活科の役割を考える必要がある。
・幼児期の教育との連携や接続を意識したスタートカリキュラムについて、生活科固有の課題としてではなく、教育課程全体を視野に入れた取組とすること。スタートカリキュラムの具体的な姿を明らかにするとともに、国語科、音楽科、図画工作科などの他教科等との関連についてもカリキュラム・マネジメントの視点から

検討し，学校全体で取り組むスタートカリキュラムとする必要がある。
・社会科や理科，総合的な学習の時間をはじめとする中学年の各教科等への接続を明確にすること。単に中学年の学習内容の前倒しにならないよう留意しつつ，育成を目指す資質・能力や「見方・考え方」のつながりを検討することが必要である。

(2) 提言された改善の基本方針

　前項で示された課題については，今回の教育活動の中でも解決として次の4つの観点からまとめられた。また，学習指導要領解説の改訂の基本的な考えや目標の改善からもうかがえるが，今回の改訂では全般的に，資質・能力を重視していることが分かる。これは，生活科に限ることではない。
　それだけに学校生活全体を含め，就学前との関連・生活科がなくなる3年生以降といった接続期の学びの取り扱いの部分が，低学年に位置付けられており，他の教科にはない部分として，生活科の重要性が浮かび上がってくる。

①改訂の基本的な考え方
　生活科においては，言葉と体験を重視した前回の改訂の上に，幼児期の教育とのつながりや小学校低学年における各教科等における学習との関係性，中学年以降の学習とのつながりも踏まえ，具体的な活動や体験を通して育成する資質・能力（特に「思考力，判断力，表現力等」）が具体的になるよう見直すこととした。

②目標の改善
　具体的な活動や体験を通じて，「身近な生活に関する見方・考え方」を生かし，自立し生活を豊かにしていくための資質・能力を育成することを明確化した。

③内容構成の改善
　学習内容を〔学校，家庭及び地域の生活に関する内容〕〔身近な人々，社会及び自然と関わる生活に関する内容〕〔自分自身の生活や成長に関

する内容〕の三つに整理した。

④**学習内容，学習指導の改善・充実**

　具体的な活動や体験を通じて，どのような「思考力・判断力・表現力等」の育成を目指すのかが具体的になるよう，各内容項目を見直した。

　具体的な活動や体験を通して気付いたことをもとに考え，気付きを確かなものとしたり，新たな気付きを得たりするようにするため，活動や体験を通して気付いたことなどについて多様に表現し考えたり，「見つける」「比べる」「たとえる」「試す」「見通す」「工夫する」などの多様な学習活動を行ったりする活動を重視することとした。

　動物の飼育や植物の栽培などの活動は2学年間にわたって取り扱い，引き続き重視することとした。

　各教科等との関連を積極的に図り，低学年教育全体の充実を図り，中学年以降の教育に円滑に移行することを明示した。特に，幼児期における遊びを通した総合的な学びから，各教科等における，より自覚的な学びに円滑に移行できるよう，入学当初において，生活科を中心とした合科的・関連的な指導などの工夫（スタートカリキュラム）を行うことを明示した。

２　生活科誕生の経緯

(1) わが国の生活科関連教育史

　わが国における，生活科に関わる動きを，教育史の中で抽出し大きな

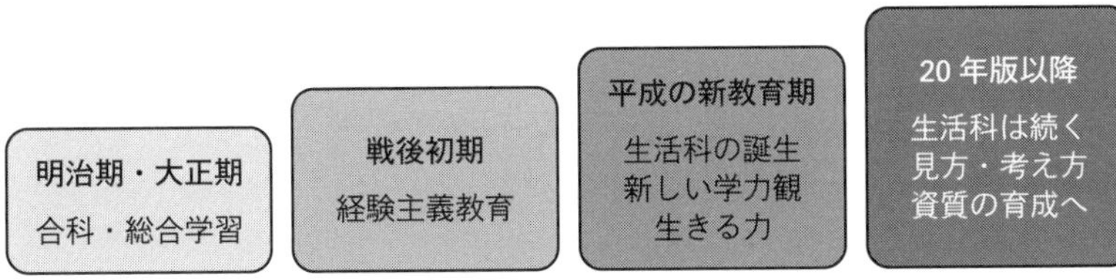

明治期・大正期	戦後初期	平成の新教育期	20年版以降
合科・総合学習	経験主義教育	生活科の誕生 新しい学力観 生きる力	生活科は続く 見方・考え方 資質の育成へ

図１　教育史の中に見る生活科

まとまりでくくるならば，図1のように表すことができる。まとめ方は，多様であろうが，戦後は主に学習指導要領の動きと連動するところが大きい。ここでは，それぞれの特徴的な動きの中で，生活科に関わる特徴的な部分を探っていくことにする。

①明治期・大正期における合科・総合学習

　明治30年代に教育界でわき起こった議論は，「直観教授」あるいは「郷土科」の問題である。いわゆる理科、地理、歴史などの実科の初歩を直観（諸感覚を働かせ）的に学ぶことができる教科を特設で設置し，学びがスムーズに行えるようにしようということであった。

　そうした中，東京高等師範学校附属小学校の教師だった樋口勘次郎の『統合主義新教授法』（1899年）や棚橋源太郎の『尋常小学に於ける実科教授法』（1903年）は生活科につながる実践の起点になっているともいうことができる。

　樋口は、自らの実践の特徴を「統合主義」もしくは「活動主義」と呼んだ。彼は、教授における統合を重視すると同時に、子どもの自発的活動に大きな価値を認め，「統一したる智識」を形成するよう各教科の教授の統合を主張した。「飛鳥山遠足」の実践が有名である。その実践記録に樋口の授業における準備、構想力、自己評価を見ることができる。また，それ以前の自発的活動に制限を加えていたヘルバルト派教育学における「管理」に対しては批判的であった。

　棚橋（岐阜県本巣郡北方町出身）が実践した「実科教授」の「実科」とは、理科、地理、歴史を総称した教科名である。「実科教授」を進める上で，棚橋の主な主張は2点である。一つは，子どもは小学校に入学する以前から自然や社会から様々なものを学び取っているということである。その事実を前提に，入学当初から教育を始めなければならないということである。二点目は、既成の教授内容が限界をもっていることであった。そのため，棚橋は子どもが活動を通し，事実を直接に観察し認識を拡大し発展させていくことを期待した。

　また，大正新教育の流れも忘れてはいけない。大正新教育運動の中心となって活躍した一人に，奈良女子高等師範学校附属小学校の教育者として知られる木下竹次がいる。木下もやはり「合科学習」を唱え，低学

年児童の教育において，入学前からの家庭環境における非形式な教育がなされていながら，子どもはいつの間にか発達を遂げていることに着目した。家庭教育固有の意義と，学校教育への延長と合科は，低学年の児童の学習も渾一的(こんいつ)に発展させることができると考えた。

他にも、明石女子師範附属小学校で指導した及川平治の「分団式動的教育法」、大正自由主義教育運動の中で中心的な役割を果たした沢柳政太郎が指導した成城学園初等学校の実践がある。

また，昭和初期に栄えた生活綴方運動も，子どもが見たまま，感じたままを書き、書きながら思考を深め、さらに書きすすめる過程を重視することを目指した教育であったが、時代は戦局に向かって自由さは影を潜めていった。

②戦後初期における経験主義教育

戦前・戦中と，日本の公教育を支配していたのは、教育勅語による徳目であり、いわゆる天皇制公教育が実施された。当然ながら，戦後になると，その反省とGHQによる指導によって1946年（昭和21年）には、平和主義、民主主義を掲げた新憲法が公布される。この日本の民主化の一環として、教育の改革にも手がつけられ，翌1947年（昭和22年）には「教育基本法」「学校教育法」の制定がなされた。

また，民主化の動きは，同時に出された学習指導要領試案にも影響した。社会科に代表されるが，学問や知識のまとまりを軸に教科を定立する教科カリキュラムではなくて、子どもの生活や経験を軸としたカリキュラムであるヴァージニアプランや、デューイの「教育とは経験の連続的再構成」であるという考え方を根底に、アメリカの経験主義教育の考え方に基づき、生活単元や問題単元によってカリキュラムを構成し、為すことによって学ぶ（Learning by doing）問題解決学習や、生活や経験的事実を通して学ぶ学習が展開された。

児童発の学びが中心であるため，地域や学校を単位としたカリキュラム開発が積極的に行われていった。代表的な実践には、社会科や理科を含む総合的な生活単元を中核に教育計画を作成した明石プラン（明石女子師範附属小学校）や北条プラン（館山市北条小学校）、季節行事や遊びなど教科外活動を中核にした吉城プラン（奈良師範女子部附属小学

校)、これ以外にも、「郵便屋さんごっこ」の実践で知られる桜田プラン、市内の学校が協力して開発した川口プランなどがある。

> **POINT**
> 　デューイの著作『学校と社会』(1899年),『子どもとカリキュラム』(1902年)は,アメリカにおいても児童中心主義を推し進める原動力であったことは間違いない。一方で,その解釈に関してあまりに児童中心の考えが行き過ぎているとして,彼自身,1938年の『経験と教育』,1940年の『今日の教育』を刊行し,行き過ぎについて警告をしている。デューイ自身も,児童・生徒に対して全幅の信頼を置くことには控えめである。しかし,日本では,経験主義教育は一度はいきすぎた児童中心へと陥ってしまい,はい回ると揶揄されることもあった。

③平成の新教育期

　生活科も、学習指導要領改訂としては4度目を迎えたわけだが、学習指導要領そのものは昭和22年以来、約10年ごとに改訂は繰り返されてきた。その間、社会からの要請を受け、児童中心主義か、系統主義かと揺れ動いてきたことは言うまでもない。

　生活科そのものは、1989年(平成元年)3月15日に小学校学習指導要領の改訂と学校教育法施行規則の一部改正を行い、低学年の社会科や理科が廃止されるとともに、戦後初めて新教科として、低学年のみに創設されることになった。しかし、なぜ生活科が求められることになったのであろう。表1から、その現実を探ってみよう。

表1　生活科誕生までの議論の変遷

年	審議会等	低学年へ生活科が誕生するまでの議論の経過
1967	教育課程審議会答申	◎低学年の社会科に関して ・低学年の内容のうち、具体性に欠け、教師の説明を中心にした学習に流れやすいものの取り扱いについて検討を加える。 ・児童の生活に即した具体的な社会の要請等についても十分配慮して改善を図り、児童の発達段階を考慮し、他教科、道徳等とも関連させて、効率的な指導ができるようにする。

		◎低学年の理科に関して ・低学年については児童が自ら身近な事物や現象に働きかけることを尊重し、児童が対象を比較したり、関連づけたりするなどの経験を豊富にするような内容に改善する。 ◇低学年の社会科や理科の学習が、教師による知識の伝達に偏りがちな傾向がみられることから、その改善方針が示された。
1971	中央教育審議会答申	◎今後の学校教育の総合的な拡充整備のための基本施策について ・低学年教育の在り方について、「知性・情操・意志及び身体の総合的な教育訓練により生活及び学習の基本的な態度・能力を育てることがたいせつであるから、これまでの教科の区分にとらわれず、児童の発達段階に即した教育課程の構成のしかたについて再検討する必要がある」。
1976	教育課程審議会	◎実践的な研究の不足等の理由から、新教科の創設見送り。代わりに「合科的な指導」を推進。低学年においては、「児童の具体的かつ総合的な活動を通して知識・技能の習得や態度・習慣の育成を図ることを一層重視する観点から、…合科的な指導を従来以上に推進するような措置をとること」
1983	中央教育審議会	◎小学校低学年の教科構成の在り方として、「この時期の児童の心身の発達段階や幼稚園教育との連続性などの観点からみた場合、小学校低学年の教科構成の在り方は、中学年及び高学年のそれとは異なったものであることが適当である」とし、「既存の教科の改廃を含む再構成を行う必要がある」と提言。
1986	臨時教育審議会	◎小学校低学年教育の在り方については、「小学校の低学年の児童は、発達段階的には思考や感情が未分化の段階にある。こうしたことや、幼児教育から小学校教育への移行を円滑にする観点から、小学校低学年の教科の構成については、読・書・算の基礎の修得を重視するとともに、社会・理科などを中心として、教科の総合化を進め、児童の具体的な活動・体験を通じて総合的に指導することができるよう検討する必要がある」と提言した。
1986	低学年の教育に関する調査研究協力者会議	◎1977年版小学校学習指導要領では、「教科編成を変えないでも指導方法の工夫によってできるのではないか」という意見が出され、「教科の編成は従前どおり」とし、合科的な指導が推進された。しかし、合科的な指導には「指導計画の作成や教材の面で実施上の問題があり、必ずしも普及し、定着していないのが実情」であった。

		◎調査研究協力者会議は、「低学年児童には未分化な発達状態がみられ、また、この時期は具体的な活動を通して思考する段階にあることから、……児童の具体的な活動や体験に即して指導する方が一層有効に達成できる」とし、「総合的な新教科として生活科（仮称）を設けること」を提言した。
1987	教育課程審議会答申	◎児童の発達上の特徴や社会の変化に主体的に対応できる能力の育成等の観点から、「新教科として生活科を設定し、体験的な学習を通して総合的な指導を一層推進するのが適当である」と判断した。
1989		○生活科創設

(2) 生活科は続く

　活動中心で，何を気付かせればよいのか分かりづらいという声もあった中，今回の学習指導要領は全体的にコンピテンシーベースで整えられた。そのため，生活科が進めてきた学び方こそ，これからの学びであるという声も多い。

　しかし，以前から気付きを十分に深め切れていないという指摘は，残ったままである。十分な資質の育成のためにも，改めて，生活科の学びとは何かを見つめて進めなければならない。

《引用・参考文献》
・原田信之，須本良夫，友田靖雄編『気付きの質を高める生活科指導法』東洋館出版社，2011, p.53
・文部科学省『学習指導要領等の改訂の経過』http://www.mext.go.jp/a_menu/shotou/new-cs/idea/__icsFiles/afieldfile/2011/03/30/1304372_001.pdf
・中野重人『生活科のロマン―ルーツ・誕生とその発展』東洋館出版社，1996

（岐阜大学　須本　良夫）

理論編

第2章

生活科の目標と気付き

　この章は，生活科の教科目標（生活科の原則及び資質・能力の三本柱）と気付きの質の高まりを考える章です。
あなたは，この章のタイトルから生活科はどのような教科だと思いますか？　また，気付きの質が高まるとはどんなことだと思いますか？

　その解決のためには，あなたは何を明らかにしたらよいでしょうか？解明したい課題を3つ考えましょう。

① 　　　　　　　② 　　　　　　　③

　本章を学び，読み終えたとき，あなたはどんなことを理解しましたか。最後に自分の学びを振り返ってみましょう。

第1節 生活科の教科目標

1 生活科の教科目標と構成

　生活科の教科目標は，小学校学習指導要領第2章第5節生活の第1に，図1のように示されていた（1. 2. 3.は著者による）。今回の学習指導要領改訂では，教科等の目標はすべて大きく二つの要素（リード文と資質・能力の三本柱）で再整理されている。

---

　1. 具体的な活動や体験を通して，2. 身近な生活に関わる見方・考え方を生かし，3. 自立し生活を豊かにしていくための資質・能力を次のとおり育成することを目指す。
(1)　活動や体験の過程において，自分自身，身近な人々，社会及び自然の特徴やよさ，それらの関わり等に気付くとともに，生活上必要な習慣や技能を身に付けるようにする。
(2)　身近な人々，社会及び自然を自分との関わりで捉え，自分自身や自分の生活について考え，表現することができるようにする。
(3)　身近な人々，社会及び自然に自ら働きかけ，意欲や自信をもって学んだり生活を豊かにしたりしようとする態度を養う。

図1　生活科の教科目標の構成（文部科学省 2017）

　リード文「1. 具体的な活動や体験を通して，2. 身近な生活に関わる見方・考え方を生かし，3. 自立し生活を豊かにしていくための資質・能力を育成する」には，生活科の原則が示されている。また，それに続いて，生活科を通して育成を目指す資質・能力(1)(2)(3)が示されている。育成を目指す資質・能力は，どの教科等においても，(1)では「知識及び技能（の基礎）」，(2)では「思考力，判断力，表現力等（の基礎）」，(3)では

「学びに向かう力,人間性等」が示されている。

○生活科の原則

「1. 具体的な活動や体験を通して」は,生活科学習の前提となる特質であり,平成元年の生活科誕生以来一貫して重視されている。

これは,例えば,見る,聞く,触れる,作る,探す,育てる,遊ぶなどの対象に直接働きかける学習活動であり,そうした活動の楽しさや気付いたことなどを言葉,歌,絵,動き,劇などの方法によって表現する学習活動である。つまり,生活科は,児童が体全体で身近な環境に直接働きかける創造的な行為が行われるようにすることを重視している。

「2. 身近な生活に関わる見方・考え方を生かし」の中で,「見方・考え方」とは,各教科等の学習において「どのような視点で物事を捉え,どのような考え方で思考していくのか」という,教科固有の学びの有り様であり,今回,生活科においても示されたものである。

これは,身近な人々,社会及び自然を自分との関わりで捉え,比較,分類,関連付け,試行,予測,工夫することなどを通して,自分自身や自分の生活について考えることである。また,「見方・考え方を生かし」とは,生活科の学習過程において,児童自身が幼児期までにすでに有している見方・考え方を働かせて学ぶということであり,小学校入学後の学びは,いわゆるゼロからのスタートではないということを示している。

「3. 自立し生活を豊かにしていく」ことは,生活科の究極的な目標である。生活科は,これまでも「学習上の自立」「生活上の自立」「精神的な自立」という3つの自立の基礎を養うことを目指してきた。今回は,これに「生活を豊かにしていく」という文言が加えられた。これは,生活科の学びを実生活に生かし,よりよい生活を創造していくことであり,児童自らができることが増えたり活動の範囲が広がったりして自分自身が成長すること,自分の成長とととともに周囲との関わりやその多様性が増し,一人一人の関わりが深まっていくことである。

○資質・能力の三つの柱

(1)は,育成を目指す資質・能力の三本柱のうち「知識及び技能の基礎」に関して示したものである。つまり,児童が生活の中で豊かな体験

を通し，何を感じ，何に気付いたり，何が分かったり，何ができるようになったりするのかを示したものである。ここでは，児童が具体的な体験や活動の過程において，自分自身，身近な人々，社会及び自然の特徴やよさ，それらの関わり等に気付くとともに，生活上必要な習慣や技能を身に付けることを目指している。

(2)は，「思考力，判断力，表現力等の基礎」としての資質・能力に関して示したものである。つまり，生活の中で気付いたこと，できるようになったことなどを使って，どう考えたり，試したり，工夫したり，表現したりするかを示したものである。児童は，自らの思いや願いの実現に向け，「何をするか」「どのようにするか」を考えて活動している。その過程で，身近な人々，社会及び自然を自分との関わりで捉え，自分自身や自分の生活について考えたり表現できるようにする力（図2参照）を目指している。

(3)は，「学びに向かう力，人間性等」としての資質・能力に関して示したものである。つまり，どのような心情，意欲，態度などを育み，よ

図2 生活科において育成を目指す資質・能力の整理
「幼稚園，小学校，中学校，高等学校及び特別支援学校の学習指導要領等の改善及び必要な方策等について」（平成28年12月21日中央教育審議会答申）別添資料

りよい生活を営むかを示したものであり，児童が実生活や実社会との関わりを大切にし，自立し生活を豊かにしていくことを重視している。具体的には，思いや願いの実現に向けて，身近な人々，社会及び自然に自ら働きかけ，意欲や自信をもって学んだり生活を豊かにしようとすることを繰り返し，それが安定的に行われるような態度（図２参照）を養うことを目指している。

② 学年の目標

　学年の目標は，生活科で育成を目指す資質・能力であり，前述の教科目標をより具体的・構造的に示したものである。第１学年と第２学年を区別せず，共通の目標として(1)(2)(3)の３つで示された学年目標は，育成を目指す資質・能力の三つの柱と，階層を踏まえた内容のまとまりで次のように三つ（［学校，家庭及び地域の生活に関する内容］［身近な人々，社会及び自然と関わる活動に関する内容］［自分自身の生活や成長に関する内容］）に整理されている。

☐［学校，家庭及び地域の生活に関する内容］
　　　　　　　　　　　　　　　……生活科の内容(1)(2)(3)に対応
(1)　<u>学校，家庭及び地域の生活に関わることを通して</u>，<u>自分と身近な</u>
　　　　ａ
　　<u>人々，社会及び自然との関わりについて考えることができ</u>，<u>それら</u>
　　　　　　　　　　　ｂ
　　<u>のよさやすばらしさ，自分との関わりに気付き</u>，<u>地域に愛着をもち</u>
　　　　　　　　　　　　　　　　　　　　　ｃ
　　<u>自然を大切にしたり，集団や社会の一員として安全で適切な行動を</u>
　　　　　　　　　　ｄ
　　<u>したりするようにする。</u>

☐［身近な人々，社会及び自然と関わる活動に関する内容］
　　　　　　　　　　　　　　　……生活科の内容(4)(5)(6)(7)(8)に対応
(2)　身近な人々，社会及び自然と触れ合ったり関わったりすることを通して，それらを工夫したり楽しんだりすることができ，活動のよさや大切さに気付き，自分たちの遊びや生活をよりよくするようにする。

☐［自分自身の生活や成長に関する内容］

……生活科の内容(9)に対応
(3) 自分自身を見つめることを通して，自分の生活や成長，身近な人々の支えについて考えることができ，自分のよさや可能性に気付き，意欲と自信をもって生活するようにする。

　これら(1)～(3)の学年目標の記述は，(1)の目標を例に考えると，aの部分は学習対象や学習活動，bの部分は3つの資質・能力の中で「思考力，判断力，表現力等の基礎」，cの部分は「知識及び技能の基礎」，dの部分は「学びに向かう力，人間性等」というように構造的に整理されている。

　このように学年目標(1)～(3)を一覧表にまとめると，表1のようになる。これにより，具体的な活動や体験（学習対象や学習活動）を通して学年目標の(1)～(3)の資質・能力が育成され，その実現をもって教科目標が達成されることを示しており，学年目標と後述の生活科の内容がどのような関係や構造にあるかを明確にしている。

　また，従来の学年の目標に示されていた「生活科特有の学び方に関すること」については，「第3 指導計画の作成と内容の取扱い」の「2 内容の取扱いの配慮事項」(2)に示されている。

表1　学年の目標の構造

学年の目標	学習対象や学習活動	資質・能力の三つの柱		
		(2)思考力，判断力，表現力の基礎	(1)知識及び技能の基礎	(3)学習に向かう力，人間性等
(1) [学校，家庭及び地域の生活に関する内容] 〈内容(1)～(3)に対応〉	学校，家庭及び地域の生活に関わることを通して，	自分と身近な人々，社会及び自然との関わりについて考えることができ，	それらのよさやすばらしさ，自分とのかかわりに気付き，	地域に愛着をもち自然を大切にしたり，集団や社会の一員として安全で適切な行動をしたりするようにする。
(2) [身近な人々，社会及び自然と関わる活動に関する内容] 〈内容(4)～(8)に対応〉	身近な人々，社会及び自然と触れ合ったり関わったりすることを通して，	それらを工夫したり楽しんだりすることができ，	活動のよさや大切さに気付き，	自分たちの遊びや生活をよりよくするようにする。
(3) [自分自身の生活や成長に関する内容] 〈内容(9)に対応〉	自分自身を見つめることを通して，	自分の生活や成長，身近な人々の支えについて考えることができ，	自分のよさや可能性に気付き，	意欲と自信をもって生活するようにする。

③ 生活科の内容

　生活科は，具体的な活動や体験を通して学ぶとともに，自分と対象との関わりを重視するという生活科の特質をもとに，従来と同じ9項目の内容で構成されている。以下に，内容構成についての考え方を述べる。

(1) 内容構成の具体的な視点

　9項目の生活科の内容を構成するにあたり，主に育成したい児童の姿を「内容構成の具体的な視点」として図3に示している。したがって，各学校で生活科の単元を構成する場合には，内容の位置付けとともにいくつの具体的な視点が単元構成に取り入れられているかということに配慮する必要がある。内容構成の具体的な視点は，前回の改訂と同じように次のア～サで示されている。

ア	健康で安全な生活…………	健康や安全に気を付けて，友達と遊んだり，学校に通ったり，規則正しく生活したりすることができるようにする。
イ	身近な人々との接し方……	家族や友達や先生をはじめ，地域の様々な人々と適切に接することができるようにする。
ウ	地域への愛着………………	地域の人々や場所に親しみや愛着をもつことができるようにする。
エ	公共の意識とマナー………	みんなで使うものや場所，施設を大切に正しく利用できるようにする。
オ	生産と消費…………………	身近にある物を利用して作ったり，繰り返し大切に使ったりすることができるようにする。
カ	情報と交流…………………	様々な手段を適切に使って直接的間接的に情報を伝え合いながら，身近な人々と関わったり交流したりすることができるようにする。

キ 身近な自然との触れ合い…身近な自然を観察したり，生き物を飼ったり育てたりするなどして，自然との触れ合いを深め，生命を大切にすることができるようにする。
ク 時間と季節………………一日の生活時間や季節の移り変わりを生かして生活を工夫したり楽しくしたりすることができるようにする。
ケ 遊びの工夫………………遊びに使う物を作ったり遊び方を工夫したりしながら，楽しく過ごすことができるようにする。
コ 成長への喜び………………自分でできるようになったことや生活での自分の役割が増えたことなどを喜び，自分の成長を支えてくれた人々に感謝の気持ちをもつことができるようにする。
サ 基本的な生活習慣や生活技能
　　　　　………………日常生活に必要な習慣や技能を身に付けることができるようにする。

図3　内容構成の具体的な視点

(2) 内容を構成する具体的な学習対象

　生活科における具体的な活動や体験は，生活科の目標を達成するための単なる手段や方法ではなく，そのものが学習内容であり，目標でもある。そうなると，生活科で育みたい児童の姿をどのような学習対象と関わらせ，どのような学習活動を行うかが極めて重要となる。育成したい児童の姿の具現に向けて，低学年の児童に関わらせたい学習対象は図4のように示されている。

　また，前述の(1)内容構成の具体的な視点と，この(2)内容を構成する具体的な学習対象をそれぞれ複数組み合わせることで，生活科の9項目の内容が構成されることになる。

①学校の施設　②学校で働く人　③友達　④通学路　⑤家族
⑥家庭　⑦地域で生活したり働いたりしている人　⑧公共物

⑨公共施設　⑩地域の行事・出来事　⑪身近な自然　⑫身近にある物　⑬動物　⑭植物　⑮自分のこと

図4　低学年で関わらせたい学習対象

(3) 各内容の構成要素

生活科の各内容の記述は，次の4つの要素から成っている。
① 児童が直接関わる学習対象や実際に行われる学習活動等
② 思考力，判断力，表現力等の基礎
③ 知識及び技能の基礎
④ 学びに向かう力，人間性等

①は，生活科の前提となる特質であり，具体的な活動や体験は，目標であり，内容であり，方法でもあるという生活科のこれまでの考え方に基づいている。②③④は，育成を目指す資質・能力の三つの柱である。内容(6)「自然や物を使った遊び」を例に，4つの要素の組み込まれ方を考えてみる。

(6) 身近な自然を利用したり，身近にある物を使ったりするなどし
　　①学習対象・学習活動等
て遊ぶ活動を通して，遊びや遊びに使う物を工夫してつくること
　　　　　　　　　　　　②思考力・判断力・表現力等の基礎
ができ，その面白さや自然の不思議さに気付くとともに，みんな
　　　　　　　　　③知識及び技能の基礎
と楽しみながら遊びを創り出そうとする。
④学びに向かう力，人間性等

このように生活科の内容は，すべてこれら4つの要素により構成されており，これらを一覧表にしたものが表2である。

(4) 内容の階層性

生活科の9項目の内容は，前述の「学年の目標（階層を踏まえた内容のまとまり）」と関わって，図5のような階層性がある。児童にとって最も身近な学校，家庭，地域を扱う内容が第一の階層である（内容(1)〜

表2　生活科の内容の全体構成（文部科学省2017）

（表省略）

内容(3)）。

　次に第二の階層として，内容(4)〜(8)が位置付いており，これらは自らの生活を豊かにしていくために低学年の時期に体験させておきたい活動に関する内容である。これらの活動を通して，児童一人一人の認識を広げ，資質・能力を育成することが期待できる。そして，第三の階層に，内容(9)自分自身の生活や成長に関する内容が位置付いている。この内容は，一つの内容だけで独立した単元の構成も考えられるし，他のすべての内容と関連させて単元を構成することも考えられる。

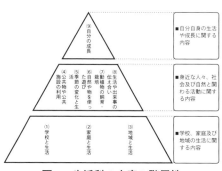

図5　生活科の内容の階層性

　なお，9つの内容が3つの階層でまとめられているが，それぞれのまとまりに上下関係はなく，内容の大きなまとまり同士が分断されているものではないし，学習の順序性を規定しているものでもない。このように生活科では，表2に示し

た各内容の構成要素とその内容の大きなまとまりを意識して，単元の構成を行うことに配慮することが必要である。

学習課題❶
　　生活科の目標は，大きく二つの要素から構成されています。それぞれはどのような関係なのかを説明しましょう。

学習課題❷
　　学年目標「自分自身の生活や成長に関する内容」を，学習対象や学習活動，資質・能力の三つの柱で分類してみましょう。

学習課題❸
　　学年目標「身近な人々，社会及び自然と関わる活動に関する内容」にかかわる生活科の内容について，それぞれを4つの構成要素に分けてみましょう。

（岐阜聖徳学園大学　柘植　良雄）

第2節 「気付き」と学習指導

1 生活科学習指導要領における気付きに関する事項の変遷

(1) 平成20年学習指導要領までにおける気付きに関する記述

　生活科は，平成元年創設以来，児童の生活圏を学習の対象や場として，それらと直接関わる具体的な活動や体験を通して様々な気付きを得て，自立への基礎を養うことをねらいにしてきた教科である。気付きは，低学年児童の発達の特性から設定されてきた生活科独自の資質・能力の一つといってよいであろう。

　生活科の特質であるこの気付きについては，指導上の課題，「活動あって学びなし」との批判に対して，学習指導要領の改訂のたびに，改訂の方針として提示されてきたところである。端的にまとめると，最初の改訂平成11年6月では「知的な気付きを大切にする指導」，2度目の改訂平成20年8月では「気付きの質を高める指導」，そして，今回の改訂（平成29年6月）では，「低学年らしい思考や認識を確かに育成し，次の活動へつなげる学習活動を重視すること」である。

　このように，創設以来生活科で大切にしてきた気付きについては，何度も学習指導を問われてきたところであり，教師の指導力が問われてきた事項であるといっても過言ではない。

　ところで，この気付きとは，他教科でいうところの知識でもなく，いったいどういう概念のものであるのか，指導者がまずそれを理解する必要がある。そうでなければ児童の具体の姿を描くことができず，児童に確実に気付きを身に付けさせることができない。

　ここで，新設当時の学習指導要領（新設時は「小学校指導書」）から

平成20年までの学習指導要領において，気付きについて規定されている記述を一度整理しておこう。

平成元年6月小学校指導書 生活編 第5章 第2節 生活科学習指導上のポイント （※○番号は指導書の番号）	②能動性 　知的な活発さとは，働きかける対象の特徴に気付いたり，Aという対象とBという対象の違いに気付いたりすること，それらの特徴やその違いに応じて働き掛けを変えていくこと。 ④情緒的なかかわり 　情緒的なかかわりとしての感動や驚きには既に知的認識の芽生えが見られる。認識の芽生えは，後のより高度な抽象的な認識の基礎となる。 ⑤振り返ること 　活動を通して新たな認識の芽を育てること。活動の中での様々な知的な工夫や関心，気付きが認識の芽。 ⑥生活 　表現活動においては，一人の児童の発見をみんなの発見にしていき，また，それらの発見の関連に気付かせていかなければならない。その際に一人一人の独自性に気付かせることが大切であり，それが基本的な目標である自分自身について考えさせることにつながる。
平成11年6月 知的な気付きを大切にする指導 小学校学習指導要領解説 生活編 第1章 　2(1)改善の基本方針 第5章　生活科の学習指導 　3　情緒的なかかわりと知的な気付きを大切にする	直接かかわる活動や体験の中で生まれる知的な気付きを大切にする指導が行われるようにすること。気付きは，その後の活動や体験がさらに実りあるものとして広がり，深まっていく契機となる。 　教師は気付きが知的であることを認識し，それを児童が自覚できるようにしたり，高まったりしていくようにすることが大切。 　生活科でいう知的な気付きとは ・児童が自らの思いや願いをもって取り組んだ活動や体験を通して，実感を伴って得られた気付きを指す。次の活動をするのに役立てたり，生かしたりしていけるような質をもった気付きを指している。 ・児童が見付けた事物や現象についての直感的な特徴付けやアイデア，比較や関係付けを行って得られた考え方を，自らの論理として，それぞれの児童が進んで言い表すところのもの。 ・将来における科学的な思考や認識，合理的な判断，美的，道徳的な判断の基礎となるもの。 ・児童の発言やしぐさにみる情緒的なかかわりを重視。

平成 20 年 6 月 気付きの質を高める指導 小学校学習指導要領解説　生活編 第 1 章　総説 　2 生活科改訂の趣旨 　　改善の基本方針 　3 生活科改訂の要点 　⑴目標の改善 　⑵内容及び内容の取扱いの改善 第 5 章　第 1 節 　2 学習指導の特質	気付きの質を高め，活動や体験を一層充実するための学習活動を重視する。また，科学的な見方・考え方の基礎を養う観点から，自然の不思議さや面白さを実感する学習活動を取り入れること。 気付きは， ・対象に対する一人一人の認識。 ・知的な側面だけではなく，情意的な側面も含まれる。 ・次の自発的な活動を誘発するもの。 　学年の目標⑴では「地域のよさに気付き」，目標⑵では「自然のすばらしさに気付き」，目標⑶では「自分のよさや可能性に気付き」という文言を加え，どのような認識が育つことを期待しているか明確にした。 気付きの明確化と気付きの質を高める学習活動の充実 　この改訂により，すべての内容において，気付くこと，分かること，考えることを明確化。 働きかける対象についての気付きとともに，自分自身に気付くことができるようにすること。 ①　集団における自分の存在に気付くこと。 ②　自分のよさや得意としていること，興味・関心をもっていることなどに気付くこと。 ③　自分の心身の成長に気付くこと。 〈自分自身への気付きは平成 11 年 5 月学習指導要領から継続〉

⑵　平成 29 年学習指導要領における気付きに関する記述

　今回改訂の学習指導要領解説（平成 29 年 6 月文部科学省）においては，中央教育審議会答申（平成 28 年 12 月文部科学省）において，子どもたちが未来社会を切り拓くための資質・能力を明確にする重要性から，本章第 1 節のとおり教科目標の構成等が大きく改訂された。さらに，「主体的・対話的で深い学び」に向かう授業改善の方向性が明示されたことを受け，気付きに係る指導との関連を考える重要性が益々大きくなってきた。気付きについて学ぶにあたり，ここでまず，新しく改訂された教科目標を再確認してみることとする。

①教科目標にみる「気付き」の記述

　大きな改訂は，生活科を通して育成する資質・能力の明示により，特に⑴の「知識及び技能の基礎」として，「何を感じたり，何に気付いた

```
┌─────────────────────────────┐  ┌─────────────────────────┐
│ 具体的な活動や体験を通して，    │→ │ 自立し生活を豊かにしていく │
│ 身近な生活に関わる見方・考え方を生かし， │  │                         │
└─────────────────────────────┘  └─────────────────────────┘
```

【育成を目指す資質・能力】
(1) 活動や体験の過程において，自分自身，身近な人々，社会及び自然の特徴やよさ，それらの関わり等に気付くとともに，生活上必要な習慣や技能を身に付けるようにする。
(2) 身近な人々，社会及び自然を自分との関わりで捉え，自分自身や自分の生活について考え，表現することができるようにする。
(3) 身近な人々，社会及び自然に自ら働きかけ，意欲や自信をもって学んだり生活を豊かにしたりしようとする態度を養う。

図6　生活科の教科目標の構成

り，何が分かったり，何ができるようになるのか」を明らかに示しているところである。教師は「自分自身，身近な人々，社会及び自然の特徴やよさ，それらの関わり等に気付く」ことを，それぞれの内容項目に即して具体化し，目指す児童の姿を明確にして確実な習得を図るよう努めなければならない。さらに今回改訂の学習指導要領解説を読み進め，気付きとは何か，気付きの質を高める指導とはどのような指導なのか明らかにする。ここで，生活科創設以来から平成29年に至るまでの記述を総括する。小文字の箇所は，これまでの学習指導要領で規定されてきた気付きを付加した。

◇生活科でいう気付きとは
・対象に対する一人一人の認識
　（直感的な特徴付けやアイデア，比較や関係付けを行って得られた考え方を，自らの論理として，それぞれの児童が言い表すところのもの）
・児童の主体的な活動によって生まれるもの
・知的な側面だけではなく，情意的な側面も含まれる
・確かな認識（固有な特徴や本質的な価値）へとつながるもの

（将来における科学的な思考や認識，合理的な判断，美的，道徳的な判断の基礎となるもの）
・次の自発的な活動を誘発するもの
◇気付きの質が高まったとは
・無自覚だった気付きが自覚化されること
・個別の気付きの共通点や相違点が明らかにされたり，分類及び関連付けられたり，既存の経験などと組み合わされたりすること
・各教科等の学習や実生活の中で生きて働くものとなること
・対象のみならず自分自身についての気付きが生まれること
　① 集団における自分の存在の気付き
　② 自分のよさや得意としていること，興味・関心をもっていることなどの気付き
　③ 自分の心身の成長への気付き

② 内容項目における気付きに関する記述（内容項目の解釈）

　実際に生活科の学習指導を行うにあたっては，それぞれの内容項目で目指していることなどを分析，解釈していく必要がある。ここでは，演習として内容項目(6)について分析，解釈する。

　身近な自然を利用したり，身近にある物を使ったりするなどして遊ぶ活動を通して，遊びや遊びに使う物を工夫してつくることができ，その面白さや自然の不思議さに気付くとともに，みんなと楽しみながら遊びを創り出そうとする。

　この内容項目(6)を構造的にすると以下のようになる。

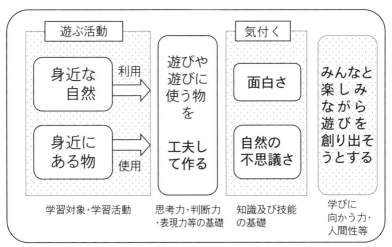

図7　内容項目(6)の構造と資質・能力との関連

【思考力・判断力・表現力等の基礎】
　試行錯誤を繰り返しながら，遊び自体を工夫したり，遊びに使う物を工夫してつくったりして考えを巡らせること。ここでは「見つける」「比べる」「たとえる」「試す」「見通す」「工夫する」などの学習活動を大切にする。

【知識及び技能の基礎】
○面白さに気付く
　・遊び自体の面白さ
　・遊びの約束やルールを変えていくなど，遊びを工夫し遊びを創り出す面白さ
　・友達と一緒に遊ぶことの面白さ（約束やルールの大切さ，ルールを守って遊ぶことの大切さや楽しさ，友達のよさ）
○自然の不思議さに気付く
　・自分の見通しと事実とが異なったときに生まれる疑問
　・目に見えないものの働きが見えてくること
　・自然の中にきまりを見つけること
　・自然現象そのものの不思議さ

以下は,実際の授業実践におけるある児童の学習の様子である。
【具体例（風となかよし「風で動くおもちゃを作って遊ぼう」）】
〈風で走る自動車をつくった児童の学習状況の概要〉

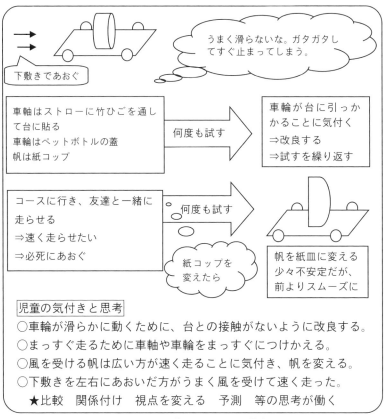

図8　風で動くおもちゃの構想

　この児童は,「車を速く走らせたい」という強い願いのもと,それを実現させるために,粘り強く何度も何度も改良をしては試して走らせる試行錯誤の活動を続けた。作業技能が稚拙である低学年児童であるために,当初はすぐ止まったり,曲がったりしてうまく走らせることができなかったが,そのうちにまっすぐ走らせるために定規を使って直角を意識して車軸を貼る位置を修正する活動が見られた。また,風を受けるた

めには，深いコップが良いと予測して帆にしてみたが，友達と競争したり，時々はよく走る友達の車を見たりして，自分の考えを修正し，風を受ける面積に着目することで自分の願いの車に近づけていった。そこには，気付いたことをもとに，比較，関連付けるなど思考を働かせ，試行，予測，工夫等の学びが実現していた。さらに，本児童の気付きの質を高めるためには，その都度の児童の学習状況を見取り，適時的確に働きかけをする教師の指導や振り返り，活動したことや気付いたことを言葉で表していく学習活動を仕組んでいくことが重要である。そうした教師の指導により，児童が対象に対する気付きのみに終わらず，自分自身の頑張りや学びのよさに気付いていくことになり，次の学習への自信と意欲につながっていくのである。

③ 「気付き」と「思考力，判断力，表現力等」との関連

　改訂の要点には，生活科における今日的課題となっている気付きと目指す資質・能力の一つ「思考力，判断力，表現力等の基礎」について，下記のような記述がある。

> 具体的な活動や体験を通じて，どのような「思考力，判断力，表現力等」の育成を目指すのかが具体的になるよう，各内容項目を見直した。

　図9の「気付きのスコープ」は，①無自覚な気付きが自覚化され②個別の気付きが関連付けられた気付きへ③そして自分への気付きに高まり④次の創造的な活動につながり新たな気付きが生まれたり，中学年以降の学びにつながる固有の特徴や本質等，認識を獲得したりしていくという気付きの質の高まりを示している。また，各活動で得られた気付きを比べたり，関連付けたりするなどして思考することや得られた気付き等

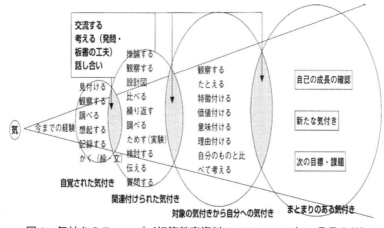

図9　気付きのスコープ（初等教育資料№876　2011年8月号より）

を表現したり次の創造的な活動へ向かったりすることを図示したものである。このように生活科における気付きと思考は一体であり，連続していると考えられる。

　生活科特有の「見方・考え方」，すなわち，「身近な人々，社会及び自然を自分との関わりで捉え，比較，分類，関連付け，試行，予測，工夫することなどを通して，自分自身や自分の生活について考えるという見方・考え方」を働かせて対象のよさや特徴等に気付いていくという生活科の学びが実現するのである。

④ 主体的・対話的で深い学びの視点と生活科による気付き

　ここでは，改訂の基本方針「主体的・対話的で深い学び」の実現に向けた授業改善の視点から，生活科の学習指導の進め方について考える。なぜなら，「主体的・対話的で深い学び」の実現に向けた指導は，「気付きの質を高める」学習指導そのものだからである。
○主体的な学びの視点による指導

児童は学習活動の成果や過程を表現し振り返ることで自分自身の成長や変容について考え，自分自身のイメージを深め，自分のよさや可能性に気付いていく。この気付きは，さらに成長できるという期待や意欲を高めることになり，新たな活動に生かし挑戦していこうとする。
　教師は，児童がこのような主体的な学びに向かうよう働きかけることが求められる。
○対話的な学びの視点による指導
　他者との協働や伝え合い交流する活動により，児童の学びは質的に高まるようになる。教師は，児童が双方向性のある活動を展開し対象とやり取りする中で，感じ，考え，気付くなどの対話的な学びが豊かに展開されるように指導することが求められる。
○深い学びの視点による指導
　生活科においては，「気付きの質が高まった姿」(P.30) を深い学びと言い換えることができる。ここに記載されている「既存の経験などと組み合わされたりすること」の点について，再度踏み込んでみる。奈須正裕氏は次のように述べている。

　　一般的に「深い学び」は，その子供の所有する知識・経験と関連付くことであり，それには3点の関連がある。①既有の知識・経験と関連付くこと②異なる領域や文脈で学んだ複数の知識・経験が関連付くこと③概念（相互に関連付き統合化された知識）が組み変わる，更新することである。

　深い学びは主体的で対話的な体験活動と表現活動が螺旋的に繰り返される中で実現していく。これまでもっていた個々の児童の知識や経験によって自分なりの論理でまとめた概念が，体験活動や表現活動を通して得られた気付きの関連や統合により，新しく構築し直したりする学びである。体験が経験知となって，系統的な学び等につながる洗練されたものになっていく学びといえるであろう。
　教師はこのような深い学びが実現するよう，児童自身が実感の伴った言葉に表したり，様々な事象と関連付けて捉えようとしたりすることを助ける児童への関わりが求められる。深い学びの実現には下記のような

教師による学習指導が必要である。

1　試行錯誤やじっくりと対象と関わる繰り返しの活動を設定する
2　伝え合い交流する場を設定する
3　振り返り表現する機会を設ける
4　児童の思いや願いを育み，意欲や主体性を高める学習活動にするとともに学びをより豊かにする
5　活動や体験の中で感じたり考えたりしている児童の姿を丁寧に見取り，働きかけ，活動の充実につなげる
6　対象についての気付きとともに，自分自身についての気付きをもつことができるようにする

《引用・参考文献》
・文部科学省『小学校学習指導要領解説　生活編』2008，2017
・文部科学省『初等教育資料』東洋館出版社，2017.1，No.954
・文部科学省『初等教育資料』東洋館出版社，2014.12，No.920
・文部科学省『初等教育資料』東洋館出版社，2011.8，No.876
・中央教育審議会答申『幼稚園，小学校，中学校，高等学校及び特別支援学校の学習指導要領の改善及び必要な方策等について』2016.12
・原田信之，須本良夫，友田靖雄『気付きの質を高める生活科指導法』東洋館出版社，2011

（岐阜聖徳学園大学　井深　智子）

理論編

第3章
低学年の児童の実態

　この章は，小学校入学前の幼稚園や保育所・認定こども園における幼児の実態や，小学校における低学年の児童の活動の特徴や学びの様子をつかみ，幼児期から児童期への接続を図る役割をもつ生活科が目指す資質・能力の育成について考える章です。

　あなたは，この章のタイトルからどんなことを明らかにしていきたいですか。

Main question は？（あなたが解決したい問題）

　その解決のために，解決したい Sub question を3つ考えましょう。

① ② ③

　本章を学び，実践を読み終えたとき，あなたは大きな問いへ，どんな気付きを見つけましたか。最後に振り返ってみましょう！

では，3章の始まりです。

① 入学前の子どもの学びの様子から

　幼稚園や保育所・認定こども園における保育は，一日の生活を通して，その流れの中で営まれているところに特色がある。

　この時期の子ども（以下，幼児と呼ぶ）は，朝起きてから家庭での生活に始まり，登園してから降園するまでの生活の中で，その多くは自分が興味・関心をもった遊びを通して身の回りの環境に働きかけ，外界と関わりをもちながら活動を行っている。園での時間が終わり降園しても，環境に働きかける活動は変わらずに行われ，家庭生活の中で繰り返され，夜休むまで続いていく。園での保育は，生活の中で，その子の成長にとってふさわしい環境を整え，安心して過ごすことのできる場の中で展開されている。

　幼児は，そのような生活や遊びを通して，出会っていく対象（事物や人）に対して働きかけ，様子や反応が「あれ？」と気になったり，「おや？」と疑問を抱いたりしてかかわりを深め，「また，やってみたい！」という思いや願いをもったり，「よし！」と意気込んで挑戦し懸命に取り組んだり，「こうかな？」と試行錯誤を繰り返したりする中で，日々，感じ，考え，自分なりに工夫しながら成長を続けているのである。

(1) 活動し，試行錯誤を繰り返す中で学ぶ

　幼児は，遊びを通して，対象との試行錯誤を繰り返しながら，様々なことを学んでいる。幼児の遊びの様子を観察していると，同じ遊びを繰り返し行っている場面を見かける。幼児はこのような活動の中でどのような思考を巡らせているのだろうか。

　空き箱を使ってロボットをつくろうと，胴体に脚をテープで留めているA児（5歳）がいた。脚を付けてロボットを立たせようと何度も挑戦するが，脚に使っている箱の安定性が悪いために，うまく立てることができない。最初はそのことに気付かずに，立てては倒れ立てては倒れを何度も繰り返していた。そのうち，胴体に比べて脚が長いことや，脚の部分の箱が曲がってしまうことに気付き，脚を2つの箱から4本のトイ

レットペーパーの芯に変え，台車の上に付けて移動できるようにした。そして，台車の上に4本の脚で立ち，その上に胴体部分の箱が載った戦車型のロボットが完成した。形としては最初にイメージした人体型にはならなかったが，胴体部分に敵と戦うための，武器をたくさん載せた要塞のようなロボットになった。

また，このロボットづくりは，試しては改良し作り替えする活動を1か月ほど続け，その過程で，一緒にロボットづくりをする仲間も集まり，ロボットを使ってバトルする遊びに発展していくことになった。

A児は，ロボットづくりでは，倒れないよう重さのバランスをとろうと，内面の思考をフルに働かせて安定した形を見つけ出した。また，仲間との遊びでは，戦いの場面を想像し互いに言い合ったり，会話を通して勝敗を理由付けたり，友達とのかかわり方を学んでいた。

このように，ロボットづくりという具体的な活動を「学び」という観点から分析していくと，活動と思考が一体となる中で，様々に思考し発見する「学びの芽生え」があり，幼児は遊びの中でそのことを無自覚に，また総合的に学んでいるというところに幼児期の学びの特徴がある。（表1参照）

(2) 一緒に生活する友達や先生とのかかわりの中で学ぶ

園での生活で，家庭の生活と大きく違うのは，園では親と離れて生活し，親とは違った自分の生活を支えてくれる友達や先生の存在があり，そのかかわりの中で生活しているということである。

友達や先生は，自分のことを遊びへと誘ってくれたり，困ったことがあると助けてくれたりする。自分以外の他者の存在は大変重要である。友達は，その子の様子を気にかけながらも，さりげなく見てくれていたり，喧嘩したり泣いたりするようなことがあっても，その後さらりと受け入れてくれたりする。また，個々別々に始まった遊びがやがて互いに響き合って，一緒の遊びが生まれたりする。ここにも，実際のかかわりを通して学んでいく幼児期の学びの特徴がある。

園の暮らしの中で，一緒に生活する友達や先生との豊かな人とのかかわりをもつことは，その後の生活において，より豊かな人間関係を築く

表1 幼児期の教育と児童期の教育の違い

	幼児期の教育	児童期の教育
教育課程の基準	幼稚園教育要領 保育所保育指針 幼保連携型認定こども園教育・保育要領	小学校学習指導要領
	5領域(健康・人間関係・環境・言葉・表現)	各教科(国語・社会・算数・理科・生活・音楽・図画工作・課程・体育・外国語)・特別の教科 道徳・外国語活動・総合的な学習の時間・特別活動
主な教育課程の構成原理	経験カリキュラム (生活や経験を重視)	教科カリキュラム (学問体系を重視)
教育目標の設定	方向目標 (教育の方向付けを重視)	到達目標 (目標への到達を重視)
主たる教育的アプローチの方法	遊びを通した 総合的な指導	各教科の目標・内容に沿って選定された教材による指導
「学び」の形態	学びの芽生え (無自覚な学び)	自覚的な学び

ことのできる生活者へと成長していくための「学びの基礎」を育んでいるのである。

(3) 生活と行動のつながりの中で学ぶ

　保育園での幼児の活動を観察してきた女子学生の体験談である。
　観察といっても，活動を外側から記録をとるような形で見ているのではなく，園庭の活動の中に一緒に入って遊ぶ参与型の体験観察を行っていた。そのとき，男の子が彼女に戦いごっこを挑んできたので，まわりの子に「誰か助けて～！」と叫んで助けを求めた。だがその時は，彼女を助けようという子どもの動きは見られなかった。
　そこで困った彼女は，「優しい人，助けに来て～！」と再度叫んだ。すると今度は，一人の男の子が彼女の前に現れ，彼女の味方となって戦

い，彼女に戦いを挑む園児たちから救って，「お姉ちゃん。また何かあったら，ぼくが守ってあげるからね」と言ってその場を立ち去ったというのである。彼はまさにヒーローの役割を果たした。

その後，この男児のことを先生に伺うと，彼は4歳児で，普段の園生活では自己中心的な振る舞いが目立つことが多かったが，最近，妹が生まれて，家では「優しいお兄ちゃん」としての振る舞いが求められていて，「やさしい」という言葉に対して敏感になっていたのではないかと話してくれたということであった。

このような暮らし中にいた彼にとっては，彼女の発した「やさしい」という言葉が大きな意味をもっており，そのことが彼女を救うヒーローの役割を演じる行動につながっていたことが分かる。この男児の行動は，彼自身の生活の文脈の中では必然性のある行動であり，表出された行動は，背景にその子の生活とつながっていることがあることを教えてくれる。

子どもの家庭での生活と園での生活は，1日の生活として連続しており，園での生活で見られる行動には，家庭での生活が反映されるような場面も多く見られることが，この時期の幼児の様子でもある。

② 接続カリキュラムの必要性

幼稚園や保育所・認定こども園で生活してきた幼児期から，小学校への入学を迎えるこの時期は，子どもたちにとって，学校種が変わる大きな環境移行の時期ということができる。この変化は，制度上の節目として大切にしなければならないが，子どもの成長と学びの視点からとらえた場合，これまで経験し積み上げてきたものを土台として，連続し発展していくことができるようにしていく必要がある。そのことに着目して取り組まれているのが「接続カリキュラム」である。

(1) 幼児期の教育と児童期の教育の違いとその接続

表1に示すように，幼児期の教育と児童期の教育には，教育課程の構

成や目標，方法，「学び」の形態等に大きな違いがある。

　幼児期の教育は，前項でも見てきたように，環境とかかわりながら，遊びを通して5領域に広がる総合的な学びを引き出していくことをその特色としている。また，具体的な活動と一体となった無自覚な学びの中に「学びの芽生え」を育んでいくことにその特色がある。

　一方，児童期（小学校）の教育は，各教科の目標や内容に沿って選定された教材によって，目標への到達を重視した指導を行っていくところにその特色がある。そして，意識をもって学ぶ時間とそうでない時間の区別をつけながら，自分の課題の解決に向けて粘り強く取り組み，自覚的に学んでいくことが求められるところにその特色がある。

　生活科は，その創設当初から，幼児期から児童期にかけての学びの違いを円滑に接続できるように取り組んできている。また，小学校入学当初に見られる戸惑いや混乱，環境の変化への不適応等の課題に対して，安心し落ち着いた学校生活をスタートさせることができるようにしてきた。加えて，子どもの成長や学びの連続性の視点から，幼児期に培ってきた自立への基礎の上に立って，より豊かな生活をつくっていこうとする学ぶ意欲を大切にし，成長につなげていくことが求められている。

(2) 幼児期から児童期へ「学び」をつなぐスタートカリキュラム

　幼児期の教育では，遊びを中心とした豊富な生活体験を通じて，学びの基礎をしっかりと育んでいる。幼児は，身近な環境に主体的に関わり，心動かされる体験を重ねながら遊びを発展させ，生活を広げたり，環境との関わり方やその意味に気付いたりしている。また，諸感覚を働かせながら試行錯誤し，考えたり思い巡らしたりして学んでいる。このような「学びの基礎力」を培って小学校に入学してきた子ども（以下，児童）は，小学校での学びをゼロからスタートさせるわけではないのである。

①幼児期の終わりまでに育ってほしい姿

　幼児期の教育は，教科を中心とする小学校以上の教育と違って，遊びを中心とした生活を通じて，生涯にわたる人格形成の基礎を培うことが

基本となっている。そのため，幼稚園教育要領では「健康」「人間関係」「環境」「言葉」「表現」という5領域が示され，これらの様々な体験を積み重ねる中で，お互いを関連させながら徐々に育むこととしている。幼稚園教育要領や保育所保育指針等では，「～を味わう」「～を感じる」などのように，その後の教育の方向付けを示す目標が掲げられてきた。

表2　幼児期の終わりまでに育ってほしい姿

(1) 健康な心と体
(2) 自立心
(3) 協同性
(4) 道徳性・規範意識の芽生え
(5) 社会生活との関わり
(6) 思考力の芽生え
(7) 自然との関わり・生命尊重
(8) 数量や図形，標識や文字などへの関心・感覚
(9) 言葉による伝え合い
(10) 豊かな感性と表現

※文部科学省告示「幼稚園教育要領」2017.3.31による

　表3-2の「幼児期の終わりまでに育ってほしい姿」は，園での活動全体を通して育まれている資質・能力が，園修了時に具体的にどのような姿を目指しているのかを示し，教師が指導を行う際に考慮するものとして示された。各園では，幼児期の発達等の状況を踏まえて示されたこの姿をイメージしつつ，豊かな活動が展開できるように，「アプローチカリキュラム」と呼ばれる取り組みも始まっている。

②スタートカリキュラムとその実際

　近年，小学校では「小1プロブレム」に代表されるように，幼児期の教育と児童期の教育との円滑な接続が大きな課題になっている。また，個の学びの成長に焦点を当てたときに，幼保小の接続にとどまらず，小中高を連続した学びの過程としてとらえ，さらに，大学や社会との接続も展望して，育成すべき「資質・能力」を明確にした人材育成が目指されている。

　「スタートカリキュラム」は，そうした動きの中で，生活科を核とした小学校入学当初の教育課程として，2008年改訂の小学校学習指導要領解説生活編に示された。それが今回の2017年改訂においては，小学校学習指導要領解説総則編の「学校段階等間の接続」において取り上げ

表3　スタートカリキュラムの例（4月～5月上旬まで）

時間	4月		5月
	1～2週目	3～4週目	1～2週目
朝の時間	なかよしタイム （自由な遊びの時間）		
1時間目			
2時間目		わくわくタイム （生活科など）	
3時間目			
4時間目		ぐんぐんタイム （国語や算数など）	
5時間目			

　＊なかよしタイム：一人一人が安心感をもち，新しい人間関係を築いて聞くこ
　　　　　　　　　とをねらいとした時間
　＊わくわくタイム：合科的・関連的な指導による生活科を中心とした時間
　＊ぐんぐんタイム：教科学習を中心とした時間

られ，各小学校において，幼児期の教育との接続及び低学年における教育全体の充実に取り組むことが明記されている。

　スタートカリキュラムは，遊びや体験活動を中心とした幼保園での生活から，小学校に円滑に移行することができるように工夫し取り組まれている。その多くは入学当初の4月から5月の連休明けの時期までや，1学期が終了する7月頃までの期間で取り組まれている。

　具体的な取り組みは入学当初の時間割編成に表れてくる。表3-3は，1年生のスタートカリキュラムを編成した学校の例である。入学当初の2週間は，1日の始まりは「なかよしタイム」で，幼稚園や保育所でもしてきたように，朝，登校したら自分がしたい活動や遊びを自由にして，自分のペースでスタートさせていく。そして，安心感をもちながら友達とかかわったり，新しい人間関係をつくったりできるような歌やゲームを取り入れ，合科的・関連的な指導を組み入れた「わくわくタイム」につなげていく。さらに「ぐんぐんタイム」では，教科書やノートを使って，その日の活動に関連した新しい事柄を学んでいくよう，1日の生活の流れを意識した構成にしている。

　カリキュラム全体として，入学当初は，幼児期の教育につながる「な

かよしタイム」を多く取り，次第に小学校の教科学習の時間につながる「ぐんぐんタイム」を増やしていきながら，その橋渡し役としての「わくわくタイム」では，生活科を中心として，楽しく広がりのある活動を核とした合科的・関連的な指導を工夫した学習を展開していけるように計画している。

③「明日も学校が楽しみ！」という生活をつくっていく

　小学校入学前の園生活における幼児は，仲間や先生とともに活動し，好きな遊びを通して，自分の興味・関心に基づいた自発的な外界への働きかけをしながら，充実した活動を展開している。また，そこには，安心してゆったりとした時間が過ごせるよう，いつも温かな眼差しが注がれ，様々な場所で，思い思いの遊びができるように整えられた適当な環境が用意されている。

　幼児期の教育では，そのような生活や環境を通して，やりたいことに向かって何度も繰り返し取り組むことが保障され，そうした中で，成功や失敗を積み重ねる生活を営んできているのである。挫折感を味わうこともあるであろうが，その分大きな達成感を味わうこともある。園での1日の生活は，そのような活動の繰り返しの中で一人一人の成長を図り，その日の活動が終わる頃には，「明日も続きをやりたい！」「明日が楽しみ！」という声が聞こえてくるように，園生活をつくっている。

　スタートカリキュラムにおいても，その目指すところは「明日も学校に行きたい！」「明日も学校が楽しみ！」という子どもたちの意欲が生まれてくる学校生活をつくっていくことである。入学当初のスタートカリキュラムでも，低学年教育における生活科の学習においても，「もっとやりたい」「学校大好き！」と思える生活をつくっていきたい。そして，幼児期に身に付けてきた力が，ゼロからのスタートではなく，小学校以降の「学びの基礎力」となって，各教科の自覚的な学びへとつながっていくようにしていくことが大切である。

《参考文献》
・国立教育政策研究所『スタートカリキュラム　スタートブック』，2015．

（白百合女子大学　神永　典郎）

③ 主体性を育む好奇心とコミュニケーション

右の絵（図1）は，ある幼稚園で幼児が描いている途中の絵である。[1]

この幼児は何を描こうとしているのだろうか。この答えは少し後に示すことにする。

前節までに入学前の子どもの実態，接続カリキュラムの

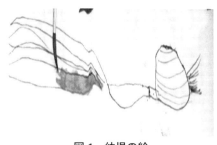

図1　幼児の絵

必要性を明らかにしてきた。ここからは，学習指導要領の授業改善のキーワード「主体的」「対話的」「深い」について入学後の児童の実態から考えていく。

(1) 好奇心を生む対象との出会い ―休憩時間の様子から―

次に示すのは，小学校1年生のある学級の休憩時間の記録の一部である。児童の様子をイメージしてみることにする。

生活科の授業で，近隣の公園に行って秋を探し，秋の自然と遊ぶ活動を終えた学級の児童が教室に入ってくる。
どの児童も自分で集めた落ち葉や木の実の入った個別のビニール袋を手に持っている。（教室の机は各4名のグループ形態）
学級担任が全員の健康状態を確認した後，次時の生活科の授業の開始まで20分間の休憩に入る。
（以下は1つのグループの4名の児童の様子）

A児　自分の席で落ち葉の入っているビニール袋を持ち上げて，底の方を眺め，「袋の下の方に粉がある。」と隣の席のB児に袋の底を見せる。
B児　「葉っぱがこわれたのかもしれないね。」

A児　教室を見回し，他のグループの所にいる教師を見つける。
「先生，葉っぱを袋から出してもいいですか。」
教師がA児に対して大きくうなずくのを見て，自分の机の上にビニール袋の中の落ち葉や木の実をすべて出す。
乾燥して一部破損した葉を見つけ，指で押して割ってみる。
「押しただけで，こわれるよ。やってみて。」
B児　A児の葉を指で押して割る。二人で交互に繰り返す。
A児　教師が自分の後方に来ていることに気付き，「先生も押してみて。」と声を掛ける。（教師が葉を指で押し「割れた！」と言うと）「こなごな。」と笑う。
C児　袋の中から数個のどんぐりを出して，机上に立てて並べる。
1個のどんぐりを手前から指ではじき，並べたどんぐりを倒して遊び始める。
D児　教科書の図鑑ページを開いて，自分のビニール袋の中の葉を探していたが，C児のどんぐりが転がって床に落ちたため，一緒に机の下を探し始める。

（以下略）

　生活科では，児童が思いや願いをもち，具体的な活動や体験を行い，対象と直接関わる中で感じたり考えたりしたことを表現していく学習過程を大切にしている。児童の切実な思いや願いを実現していく過程であるからこそ，児童の主体性が発揮され，児童自ら対象に積極的に働きかけ，体験活動と表現活動の繰り返しの中で学びの質が高められていく。その原動力となるのは，児童が対象と直接関わる活動の中で「自分でやってみたい」「〇〇をしてみたい」という児童の好奇心である。
　児童の好奇心を大切にす

図2　自分で集めたどんぐり

るためには，好奇心を生む対象との出会い，対象と十分関わることのできる場と時間の保障が必要である。先に示したのは休憩時間の児童の様子であるが，児童は教室に帰ってから，自発的に対象（ここでは秋の自然）との関わりを継続している。つまり，前時までの活動が児童にとって，没頭できる楽しい遊びや対象との出会いの時間であったことが分かる。

(2) 主体性につながる好奇心の見取り

児童に生まれた好奇心を生かし，主体的な学びとするための教師の役割を考えてみる。先に示した1年生の教室での休憩時間の様子について，今度は教師の視点で見てみることにする。

休憩時間の間，教師は，A児の声かけ後，そのグループの児童の後方に移動し，黙って見守っている。A児の「先生も押してみて」という言葉に応えて，葉を指で押すが，落ち葉が乾燥して割れるというA児の気付きを言語化したり，同じグループ，あるいは学級全体に広げたりはしていない。休憩時間に児童が自分の思うままに行動や遊びができるように配慮している。

また，A児の「先生，葉っぱを袋から出してもいいですか。」という質問からも分かるように，自由な休憩時間とはいえ，児童は次の授業で使うもので遊ぶことにためらいも感じている。教師は，児童に対して，次の授業の学習材となる落ち葉や木の実を袋から出して机上に広げ，それで遊ぶことを制止することはしない。

教師は，制約のない場と時間の中での児童一人一人の興味・関心の方向を観察し，次の学習に生かそうとしている。

1枚の乾燥した落ち葉が「こわれた」ことから，これまで出会った葉っぱとは異なった硬さやもろさに関心をもち始める児童。どんぐりを立てたり，転がしたりしながら，予想とは異なる動きの面白さの中にどんぐり一つ一つの形の違いに興味をもつ児童。きれいな色の葉っぱや木の実の名前を知りたいという思いをもった児童。20分間の休憩時間は，前時の活動における興味や関心が継続する時間であり，新たな興味や関

心を生む時間となっている。すでに次時が緩やかに開始されているともいえる。

　児童が「やってみたい」「してみたい」という思いや願いをもつことからスタートする主体的な学びに向けて，教師は児童の好奇心を生む対象との出会いを設定し，一人一人の興味・関心の方向を常に見取り，生かしていくことが大切である。

(3) 学びの主体性につながる自己の成長への気付き

　好奇心を高め，その興味や関心を生かすことが児童の主体的な学びにつながることについて述べてきた。その学びが次の主体的な学びへと発展するためには，児童が学習を振り返ることを通して，自分の成長や変容に気付き，次への意欲を高めていくことが重要である。

　この節の冒頭で示した幼児が描いていた絵に戻ってみる。その対象は，右の写真（図3）に示すように玉ねぎである。幼児は玉ねぎを見ながら絵を描いていたのである。一見して分かるように，食材として日常見かける茶色の球体の玉ねぎとは異なり，太く長い緑色の葉や多くの根も付いている。

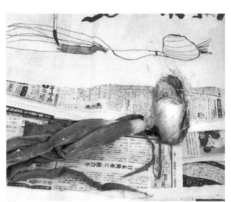

図3　幼児が描いた玉ねぎの絵

　この幼児の幼稚園では，全員が玉ねぎを収穫するという体験をしている。つまり，この園の幼児たちにとっての玉ねぎは，スーパーマーケットや青果店で買ってきた野菜ではない。収穫前に見えるのは土の上の葉っぱだけで，下の成長の様子が分からず，どきどきしながら1つずつ土の中から掘り出した玉ねぎである。

　小学校入学前の多様な経験は，主体的な学びに向かう児童の好奇心につながるとともに，小学校での学習において，児童一人一人が自分の成

長や変容を考える上で重要な役割をもつ。

　小学校で，共通に花の栽培の学習をしたとしても，幼稚園で玉ねぎを苗から栽培した経験をもつ児童にとっては，初めて「たね」から育てる体験となる。また，幼稚園で先生やクラスの園児みんなで花を育てた経験をもつ児童にとっては，初めて自分の花を最後まで「ひとり」で世話をするという体験となる。このように，同じ体験や活動であっても，一人一人の「できるようになった」という成長や変容は異なっている。教師は，学習前の児童の経験について，例えば，あさがお，ミニトマトという「何を」に加えて，「誰と」「どのように」などについても把握した上で，学習を展開し，その中で児童一人一人の成長を見取り，支援していくことが大切である。

　児童が，これまでの経験をもとに新たな挑戦をし，前より「できるようになった」「頑張った」という自分の成長やよさに気付くことは，次への期待や意欲を高め，主体的な学びにつながる。

(4) 学習の振り返りに向かう伝え合う活動

　児童が自分の成長やよさに気付くためには，学習の振り返りが必要となる。しかし，入学したばかりの児童自身が学習を振り返り，「種から花を育てることができた」「自分一人の力で野菜の世話ができた」という自分の成長に気付くことは難しい。

　低学年の生活科においては，相手意識や目的意識をもった伝え合う活動の中で，児童自らの学習活動を振り返ることが効果的である。学習過程や学習の成果を伝え合うことを通して，児童は「できるようになった」「頑張ることができた」という自分自身の成長や変容について考える。それは，自分のよさや可能性という自分自身への気付きとなる。この自分自身のよさや成長への気付きは，これからも自分が成長し続けることへの期待や意欲を高めていく。

　このように，児童の好奇心を生かすとともに，伝え合う活動の充実を図ることが，学びにおける児童の主体性の育成につながる。

④ 小さな問題発見から大きな気付きへ

(1) 「！」「？」を生む対象との出会い

　生活科の学習過程では，児童が思いや願いをもち，その実現に向けた活動や体験が行われる。体験活動と表現活動の相互作用の中で，児童が学習の成果や過程を振り返り，自分の成長や変容に気付き，意欲的に次に向かうことが主体的な学びにつながる。

　児童が「やってみたい」「してみたい」という思いや願いを抱くためには，対象との出会いの中での，たくさんの小さな「！」（驚き）や「？」（疑問）を発見することが必要である。その対象には，児童がまだ気付いていない問題が内在していることも重要である。

　次は「！」「？」を生む対象と児童の出会いの一例である。

　右の図（図4）は，2年生のE児が，自分の通学路を思い出しながら初めて描いた地図である。[(2)]

　この小学校は校区が広いため，ほとんどの児童がバス通学をしている。E児も自宅から最寄りのバス停留所までが徒歩での通学路となる。

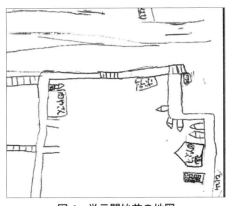

図4　単元開始前の地図

　地図を描いた時点のE児は，地図上の道や建物の位置や名称についての疑問を抱くことはなく，帰り道に確認する行動も見られなかった。

　この後，E児の学級では，学校周辺を対象とした町探検の学習を全員で行った。バス通学の児童にとって，学校の周りは未知の地域であり，「！」「？」をたくさん見つけ，調べてみたい，もっと知りたいという思いや願いの実現に向けて学習が展開された。

全員共通に実施した学校周辺の町探検の学習後，授業者は，もう一度それぞれの児童の自宅の周りの地図について取り上げている。
　この時点で，児童から，自分の家の周りの建物や場所について，分からないこと，不思議なこと等の「？」が初めて出てきた。
　児童の自宅の周りについての「！」「？」は，最初に地図を描いた時点ではなく，別の地域（学校の周り）の学習後に生まれたといえる。このように，児童が問題発見をするためには，問題が内在している対象と「どのように」出会うかも重要である。

(2) 「！」「？」の発見から気付きへ

　冒頭の地図を描いたE児はバス停留所から自宅までの道沿いに見られる建物や人について興味をもつようになった。例えば，「こんなところに花壇がある」「あの家にはどんな人が住んでいるのか」「お寺に集まる人たちはどんなことをしているのか」「このお店は何を売っているのか」などである。初めて描いた地図では，建物は同じ形で表現されていたが，その一つ一つの様子やそこに住んでいる人々についての小さな「！」「？」をたくさん発見できるようになった。
　他の児童も同様に自分の家の周りについて「！」「？」を見つけ，「やってみたいこと」「調べてみたいこと」を考え，保護者との連携のもと，冬休みに一人通学路探検を開始することになった。

　図5はE児が初めて描いた地図の一部であり，図6は冬休みの一人探検後に作成したほぼ同じ部分の地図である。家の周りの場所・店を一つ一つ調べ，吹き出しの形でその説明を記入している。記述の中には伝聞の表現も

図5　単元開始前の地図（E児）

図6　一人探検後の地図（E児）

あり，場所や建物にいる人とも関わっていることも分かる。特に，興味をもった寺については，最初の地図では，他の建物と同じ形の家として描かれていたが，年間の行事や楽しみの記述がなされ，他の地域の人に向けた自慢や宣伝の記述となっている。

右の2枚の地図は同じ学級のF児が単元開始前（図7）と一人探検後（図8）に描いた地図である。

最初の地図には自分の家と道のみが描かれており，建物や場所の記述が全くない。しかし，共通単元終了後は，「あの店は何屋さんか」などという「？」が出てくるようになり，どの建物にも名前が付けられている。なかには，「やき肉や」という吹き出しによる説明もある。E児のように，インタビューなど，未知の人に対する積極的な働きかけは見られない。しかし，地図の下部に「やさしいおばさんの家」という名前の記述があるように，自宅の周りの場所や人を自分との関わりで新たにとらえ始めていることが分かる。

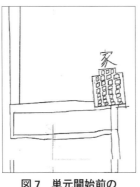 

図7　単元開始前の地図（F児）　　図8　一人探検後の地図（F児）

(3) 問題発見から気付きへつながる教師の言葉かけ

対象との出会いの中で，一人一人の児童が「！」（驚き）や「？」（疑問）を自覚し，自分のものとするためには，教師の言葉かけによる支援も必要である。「○○さんは，このことに驚いたのね」「○○さんは，このことを不思議だなと思っているんですね」と児童に返す言葉かけも有効である。

次は，2年生のおもちゃづくりの学習の様子の一部である。

児童が作成しているのは，2個の紙コップを重ねて，上部の紙コップを跳ばすおもちゃ（下部のコップには手を加えず，上部の口の部分に輪ゴムを渡し，押さえて飛ばす）である。教科書に提示されている基本の形で遊んだ後，「もっと高く跳ばしたい」という自分のめあてに向けての工夫が始まる。

H児　上部の紙コップに青色の色画用紙を巻き付け，ロケット型に改良する。前より高く跳ばない。
　　　巻き付ける色画用紙を赤色に変えるが同様に跳ばない。
H児　「ファイヤーの色にしたのに。」
　　　数回も繰り返しているうちに，巻き付けた色画用紙が外れ，紙コップだけが勢いよく跳ぶ。
H児　「あれ。跳んだ。」
　　　紙コップのみの基本形のおもちゃでもう一度跳ばしてみる。
H児　これまでに作った赤と青の2つの円錐状の色画用紙を2枚重ねて，上の紙コップに固定する。全く跳ばない。
H児　「やっぱり。」
教師　「やっぱりって，どう思ったの。」
H児　「やっぱり，上を重くしたら，どんどん跳ばなくなる。」
　　　（以下略）

図9　紙コップ①

　H児は，他の児童のようにゴムには着目せず，上部をロケット型にすることにより「もっと高く」跳ばすための試行を始めた。しかし，重い色画用紙を上に巻き付けたため，前より跳ばなくなくなってしまった。最初は色に理由があると考え，青色から，ファイヤーの赤色に変更している。色を変えるとよく跳ぶという予想にこだわり，試行を続けるが，途中で何も巻かない基本形の方がよく跳ぶことに気付く。

　教師は見守っているが，途中の会話の中で，児童が予想したことを言

葉に表現させることを通して，重さに着目していることを，児童自身に自覚させている。この後，児童は上の紙コップを軽くする工夫を始める。コップの底をくり抜き，基本形より高く跳ぶ方法を見つけた。

さらに，上部を切り取っていくうちに上方ではなく，予想外の方向に回転して跳んでいくことも発見した。その面白さから。当初のめあてである「もっと高く」から，「もっと面白く」跳ばしたいという願いに向けて回転しながら跳んでいくおもちゃの工夫へと発展していった。写真（図10，11）は，さらに回転させるために改良したおもちゃである。

図10　紙コップ②

図11　紙コップ③

5　対話から生まれる創造

　授業改善の視点の一つである「対話的な学び」について考えてみる。対話的な学びは，児童同士の協働，教職員や地域の人との対話，先哲の考え方を手がかりに考えること等を通じ，自己の考えを広げ深めていくことを目指している。つまり，多様な表現に触れることによって思考を広げたり，深めたりする学びである。

　生活科の学習においても，身の回りの様々な人々と関わりながら活動に取り組む，伝え合う，交流するなどの協働や対話によって，児童の発見が共有され，その関係性が分かったり，新しい気付きを生んだりしていくことが期待される。そのような「対話的な学び」の実現を目指すために授業における児童の様子から対話の在り方を具体的に考えていくことにする。

(1) 独り言から「話し合い」へ

　対話的な学習として，生活科に限らず，他教科においても，授業の中

でグループ等での話し合いが多く取り入れられている。子どもたちは思ったことや頭に浮かんだ考えを自由に発言し，学級全体が活発な盛り上がりを見せている。

写真（図12）は，2年生の生活科の授業において，教室の床に大きな床地図（学校と道のみを記入）を授業者が提示した後の児童の様子である。[3]

児童は，グループ単位で床地図の所に行き，まわりから見たり，地図の上に立って歩いたりしながら，自由に話し始める。

「この道がいつも通っている道だ」「どの道だろう」「自動販売機はあそこの角」「このあたりかな」

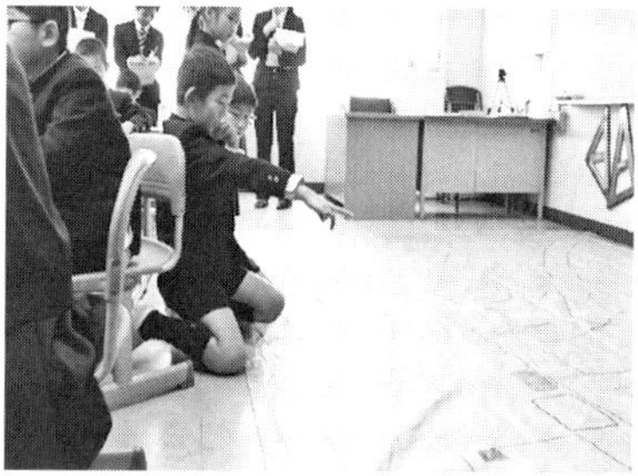

児童が自分の考えを言葉として

図12 床地図を使っての説明

表現してみることにより，自分の考えに気付く（この場面では，建物や場所の位置の記憶が曖昧であることに気付く）上では意義のある活動である。また，他の児童も友達の言葉に触れることもできる。

しかしながら，それぞれが思ったり，考えたりしたことは一人一人の言葉，つまり独り言が中心となっており，話し合いや対話の段階であるとはいえない。

話し合いの必要感や話し合ってよかったという実感を児童自身がもつためには，目的意識が重要である。

同じ単元であるが，その後の小単元での授業場面で，授業者は次のような必要感のある話し合いを設定した。児童が調べたことを他者に伝えるという授業である。学校の周りで見つけたお気に入りの場所やお店，関わりの中で紹介したくなった人々を他のグループの友達や学級の保護者に紹介する活動である。授業者は児童がツアーガイドとなって他者に紹介するという設定とし，相手意識，目的意識に基づいた表現を児童たちが工夫していくという展開としている。そのための「きかく（企画）会議」という名前の話し合いは各グループにとって必要感があり，児童一人一人にも大きな関わりのある話し合いとなる。

(2) 話し合いが「対話的」になるために

　児童にとって，必要感のある話し合いであっても，時には，それぞれの児童が自分の思いを相手に理解し，承認してもらいたいという願いのみが強くなり，対話的にはならない場合も見られる。

　例えば，先に示した授業において，話し合いを「対話的」にするために，授業者は次のような手立てを行っている。

　右（図 13）は，あるグループの探検用の携帯地図である。自分たちの通学路を歩きながら，おすすめの場所や建物の位置と名前が記入されている。授業者は，この中から，何を伝えるかを決めるための「きかく（企画）会議」を授業に位置付け，次のような支援を行った。

図 13　携帯地図

〈話し合いの準備段階の支援〉

　この会議では，「グループの児童全員が発言すること」を伝えた後，児童一人一人がそのための準備をする時間が設定されている。自分の企画をグループ内に伝えるためには，「何を伝えたいか」に加えて，「どんなところがおすすめなのか」「どうして伝えたいのか」などの発表メモ等にまとめさせている。その際，一人で発表内容を考えることが難しい児童については，授業者がその思いを聞き取り，一緒にまとめるなどの支援を行い，どの児童も自分の考えをもって会議に参加できるような配慮がなされている。

〈話し合いの開始時の支援〉

　授業者は，グループの話し合いに入る前に，自分たちのツアーを成功させるという活動のゴールイメージの共有化を図った。

　目標に向け，次の２点について全員の確認を行っている。

○友達の発表中は，自分の意見と違っていても，他の人の企画をきちんと最後まで聞き，「いいな」というところを見つける。

○グループ全員の企画を伝え合った後は，みんなの提案を合わせたり，自分の考えを少し変えたりしながら，新しい一番良い企画になるようにする。

つまり，一人一人が自分なりの考えを予めもっておき，その場の思いつきの発言になることを避けている。人の話を聴くときは，自分と異なる考えを排除するのではなく，相手の考えを理解しようとするように指導している。低学年の児童には，自分の考えを白紙にして聞くことは難しいため，ゴールイメージをもたせ，「いいな」と思うところを見つけるという具体的な指示をしている。

また，全員の意見が出された段階で，それぞれの考えを合わせたり，自分の考えを「少し変えたり」しながら目標に向かって，より発展的なものを創り出していくことを求めている。

実際の授業においても，誰かが一方的に自分の考えを通すのではなく，2年生なりに目標に向け

図14　地図の工夫

て自分の考えを変えたり，異なる考えの良さを取り出したりして，組み合わせる姿が見られた。右の写真（図14）は全員が納得のいく企画を作り上げ，紹介ツアーの準備に入っている様子である。

話し合いが，2年生なりの対話になっているといえる。

(3) 多様な表現を通した対話へ

対話の対象は，学級の児童に限らず，教師，地域の人，ゲストティーチャーなども含まれる。さらに本などの多様な表現を通じての対話も考えられる。しかし，読み聞かせや読書を行っても，それが対話とはならない場合もある。対話においては，自分と異なる考えや意見に接し，自分自身に自問自答することが必要となる。

図15はこの単元終了後に，家庭学習としてＩ児が自力で作成した自宅付近の案内パンフレットである。

I児の所属したグループは，建物についての紹介が中心の発表であった。しかし，授業後にI児が自力で作成した案内パンフレットには木や花など自然の様子，匂い，店の人との会話の記述が見られる。これは他のグループの発表にあった視点である。I児は授業の中で，他のグループの表現活動について，自分自身の視点と同じところや違うところを考

図15　案内パンフレット（I児）

え，それらを自分なりに変更し，新しい視点で次の主体的な活動を開始したと考えられる。

　児童の思いや願いの実現に向かう学習過程において，児童は多様な表現活動を通して自分の考えを伝え，他の人の考えに出会い，共有し，新しい視点のものを創り出して問題を解決していく。低学年段階からのこのような「対話」的な学習過程の経験は，児童が自分で問い，自分で考え，自分なりの答えを見つける深い学びにつながるであろう。

［註］
(1)　資料提供：比治山大学短期大学部付属幼稚園
(2)　資料提供：広島大学附属東雲小学校
(3)　石田浩子教諭の授業実践（広島大学附属東雲小学校，2015年11月）を基に筆者が再構成した。

《参考文献》
無藤隆『学習指導要領改訂のキーワード』明治図書，2017年。

　　　　　　　　　　　　　　　　　　　（比治山大学　　上之園　　公子）

第4章

生活科における
カリキュラム・マネジメント

この章は，生活科のカリキュラム・マネジメントを考える章です。
あなたは，この章のタイトルからどんなことを明らかにしていきたいですか。

Main question は？（あなたが解決したい問題）

その解決のために，解明したい Sub question を3つ考えましょう。

① ② ③

本章を学び（読み）終えた時，あなたは大きな問いへどんな気づきを見つけましたか。最後にふり返ってみましょう！

では，4章の始まりです。

① 生活科のカリキュラム・マネジメント

(1) 一枚の看板からカリキュラム・マネジメントを考える

①看板は語る

　右の写真は，岐阜県白川郷学園の8年生（中学2年生）が，地域に出かけて行って地元の農産物を使い，製品化に取り組み，いなり寿司を地域のお店で販売できるようにしようと考えた総合的な学習の時間の一幕である。中学校で実施される総合的な学習の時間の取り組みとして，優れた事例の一例である。

　当然であるが，生徒たちは学習の過程で，様々なことを学び取ることになる。

図1　生徒作の看板

同時に，優れた取り組みは，教師にも学びのチャンスを与えてくれる。指導した教師は，もちろんわかっているが，読者の皆さんは単元全体の構想やその背景を知りたくなるのではないだろうか。その他にも具体的疑問が，いくつもわき起こるはずである。

○世界遺産をもつ白川村で，なぜ，いなりずしを作ろうと思いついたのか。

○販売活動までを取り入れることは，原価，販売価格，儲け，生産・販売方法，税，きまりなどはどう複合的に学んだのか。

○一日限定とあるが，もし一週間継続販売すると，村の現実は学習者に違ったものとして見えたのか。比較調査は，なされたのか。

○生徒は，活動を終えてどんな実感をもったのか。

　自分の村について，自分の学習について。

②校長は見抜いた

　単元全体では，どのような計画であり，実施は計画通りだったのかという疑問もわいてくる。白川郷学園の水川校長は，日ごろ生徒と交流があるため，学園長ならではのミクロな視点から，このポスターを眺めていた。実際の文と図2（新聞記事）を入れ込んだ園長だよりを紹介する。

白川郷学園　園長の教育雑記帳

かん

2017.5.26　No. 18

汎用性のある学力の見分け方
　8年生が，総合で，中学校としては珍しい起業の取組，「白川郷いなり」の商品開発というおもしろい実践を始めた。
　アイディア先行猪突猛進型の鈴木先生と，やる気あふれる子ども達を，先生方がサポートしてくださり，新聞にも連続掲載されるなど，わくわく感満載で進んでいる。が，学園の先生方をドキドキさせていることも事実であろう。同時に，それをサポートする仕組みも未開発のため，私たち管理職のサポートだけでは追い付かない状況が続き，先生方にもご迷惑をおかけしている状況だ。
　『わしは，聞いていない』と言えば，ぎくしゃくするが，それでも，学園の子どもの能力を開花する貴重な実践であるととらえて，先生方が応援してくださることに感謝するばかりである。
　さて，先日行った白川郷いなりの試し販売で『汎用性の高い学力とはなにか？』が垣間見えたので，紹介したい。
　それは，古太神店頭に掲げた，8年生自作の看板である。写真にあるとおり，観光客を呼び込むための手作りのかわいい看板である。Nさんが描いた狐の絵はこれで十分インパクトがありうっとりするほどである。皆さんは，この看板をどう評価するだろうか？
　私は，うっとりした後，ふと，このポスターで大切なことが抜けている点が気になった。そして，それは，私たちが教科指導でこそきちんと育てておくべき力だと強く思った。
〈①誰が作ったのかが抜けている……発信元情報〉
　最も大切な「白川郷学園8年生が開発しました！」が書かれていない。
　これでは，古太神が作った手作りの看板に見られてしまい，通り過ぎる人も出てくる。
〈②どんな特徴があるのかが抜けている……基本情報〉
　白川産の米，きくらげ，飛騨牛，赤カブ…この言葉や写真が少し書かれているだけでインパクトは違うはず。呼び込むには，『白川産具材たっぷり』が抜けている。

〈③単位が違う……誤情報〉

　実は，このいなりは，1パック2個入りであった。つまり，おひとり様3個となれば，1パック半しか買えない。正しくは，『おひとり様3パックまで』が正しい。単位が間違っている。

　こう考えてくると，まず，①や②は社会科の授業での資料の与え方，資料の読み取らせ方があいまいだからということなのではないだろうか。（社会の先生ごめん）

　与えられた資料をしかも資料の部分だけでしか読み取らせておらず，資料と資料をつないで読む力が育っていないからこうなる……というのは言い過ぎだろうか。授業を受け身ではなく，『どんな資料が必要なのかを選び出す力』そして，「資料の根拠が明確であるかどうかを確かめる力」を育てていれば，この資料の基本情報が足りないことはだれかが気付くはずである。

　③は，もちろん私の教科，算数・数学である。単位の学習はもちろん1年生から始まっているが，ポイントは2年生，『一パック2個入り』という考え方，これは，2年生の乗法の学習の鉄則指導事項である。乗法の学習を，九九を覚える指導であると考えて指導するとこうなる。……そして，最も気になるのは，国語の『目的をもって相手に伝わるようにまとめ表現する力』の不足である。

　昨年度の全国学力テスト国語科の問題そのものとまったく同じこの構造，その力が付いていない。……ということだろう。このポスター1枚を見ても，社会科，算数・数学科，国語科……教師は，自らの教科の指導を振りかえらなければならない。

　学力とは，教科の枠を超えて発揮される力である。その力をつけられる教師になろうではないか。

図2　地元新聞の報道

　読者の皆さんは，水川校長のミクロな見取りについて，どんなことをお感じになったであろう。

　まずは，この事例を共通基盤としてカリキュラム・マネジメントとは何かを考え直してみよう。

(2) 生活科授業のカリキュラムのマネジメントをするとは

　人は暮らしを送る中で，必ずマネジメントをしている。

　社会では，企業が利潤を生むために，様々な無駄を省いている。その

ためには，どこで何をするのかということを効率的に実施できるよう，絶えず見直しが行われている。

　小学校教師であっても，今日の授業は何があるかなと考え，最低でも今日数時間分の授業の準備をしている。子どもたちも，宿題を出された授業が今日あるならば準備をするが，夏休みのように自分でマネジメントを託されたときなどは，最後の一週間に焦り，来年はまじめにやろうという子どもも出現する。

　カリキュラム・マネジメントとは，子どもたちに身に付けてほしい力なのか。いや，授業を実施する教師に必要な力なのか。生活科は他の教科と同じか，違うのか。

　改めて白川郷学園の校長先生が行っているのは，学校の管理者としてのスクール・マネジメントなのか。いや授業を見たコメントだから，カリキュラム・マネジメントなのか。細かな定義をおっていけば，人により捉え方は異なるものもある。この章で扱うカリキュラム・マネジメントの場合，あくまで教師が考える授業実施のためのPDCAの力である。当然，その結果として，子どもたちにもその重要さが伝わり，子ども自身のマネジメント能力が成長することは重要なことである。

　岡本薫は『なぜ日本人はマネジメントが苦手なのか』（中経出版，2011）の中で，マネジメントの定義を「目標を設定し，適切な手段を選択・実施して，その目標を達成していくプロセスこそマネジメントである」と定義している。一方で，岡本は，いわゆる企業における実現可能性を目指すPDCAサイクルは多くいわれているが，日本企業におけるマネジメントの失敗の多くは，「P」(Plan)の段階ですでに起きてしまっているという。つまり，計画の甘さがその後の実施や評価にも，もっと言えば次の課題設定にも無理を生じさせているというのである。そこで，授業の計画，実施，評価についてそれぞれ詳細に考え直していきたい。

①授業実践前の計画

　では，どのような計画が重要なのであろうか。生活科授業のマネジメントを行う上で，具体的に授業を取り囲んでいる周辺部分にある諸要因を探ってみると次の図3のようになる。

図3は，どの歯車が動けばよい授業となるのか，どれが先かという問題を描いているのではない。生活科の授業だけではなく，授業とは何か，子どもの周囲にある要因が動いたとき，直接的・間接的に子どもに影響を与え合うことになることが描かれている。そうであるならば，計画を立てる段階で，こうした様々な要因も分析対象として考えておかねばならない。岡本薫の著者のタイトルのように，子どもたちが主体的に活動をするのだから，任せて活動をさせていればよいとなれば「なんのための活動か」「子どものどの姿をどう見取るか」などのポイントのない計画となり，教師のマネジメントは問われることになる。

　例えば，2年生で実施される「野菜をつくろう」という授業を構想するとしよう。

　まず，考えるべきは，子どもがどれくらい植物や野菜と触れ合う体験を経験しているのかということになる。1年生の時の栽培は，あさがおの栽培をした。それ以前はどうであろう。幼稚園時代，あるいは家庭の実態として，なにか栽培にかかわることはあったろうか。他にも，おばあちゃんの家に行ったときの体験なのか。クラス全体の子どもたちが，

図3　生活科授業づくりで考えなければならない要因

どれくらいそういった実態をもちあわせているのか。もちろん，これらは，子どもたちの実態を探ろうとしているだけである。

　他にも，実施する学校では，これまでどのように野菜の栽培をしてきたのか。野菜の成長を見取るための観察カードは。野菜の収穫後には，収穫物をどうする。教師の出番はどこ，など考えておくことは多様である。それでも，これらもまだ現状の把握の一部にしか過ぎない。

　そして，現状が把握できたならば，次のステップに進む必要がある。その中でも重要なのは，どのような目標を立てるかということである。授業場面において，子どもたちが主体的に考えを出す必要があるが，あくまでその前提となる目標は，教師自身が考えをもっておく必要がある。よく見られるが，単なる「〇〇パーティーをやろう」ではなく，当然，下位の目標設定も必要になる。それが他の教科と異なる生活科の特徴である。

　生活科の単元の時間の在り方は，次のように大きく３つに整理できる。

　A　一時間の投げ入れ時間
　B　数時間〜十数時間扱いの単元
　C　年間を通しての帯単元

　目標はこうした３つのタイプの単元構成によって，使い分けていく必要がある。

　目標が設定できれば，次のステップは実施可能な手段と教員間の意思決定である。実現不可能な目標を掲げることはないであろうが，それでも，他の学校ではできているが，自分の学校では環境や学校スタッフ・保護者の協力もないので不可能であるということもある。そのうえ低学年の子どもたちの行動の予測は難しく，安全を最優先させなければならない。もしも，授業でやりたいことの間に齟齬が生じれば，その原因を排除するために，冷静な計画の練り直しが必要である。その結果，最初は無謀と思われた活動も，保護者の協力を得られることなどで実現ができるようになったということは多くある。教師の計画段階のマネジメントで，楽しく面白い活動が授業前に消滅するとか，計画を練らないこと

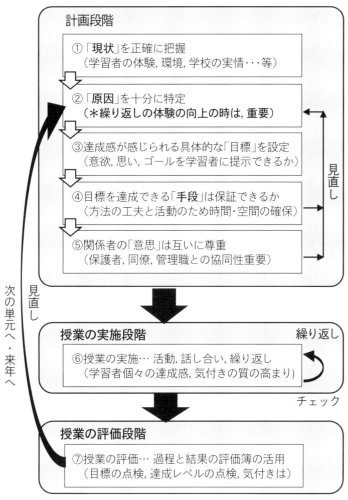

図4 生活科授業で目指すカリキュラム・マネジメント基本構想

でケガにつながるということのないようにしたい。

　これらは，すべて計画（plan）段階で考えぬかねばならない教師のマネジメントである。しかし，そうした計画を綿密に練ったとしても，教育現場で計画を立てる難しさはぬぐい切れない。というのも，教育を実現させていく場合，最終的に生活科授業をしていく中で，子どもたち一

人一人の思いや学びが，計画で盛り込まれていたかが問われる。よって，計画段階でできる限り子どもの思いがどこにあるだろうか，一人一人を思い浮かべ，何を言うだろうか，どんな行動に移るだろうかというイメージを終始描き修正すべきである。教師のやりたい活動を重視するとか，活動ばかりさせていては，子どもたちのイメージのない現状分析－目標－手段－集団の決定となり，絵に描いた餅となりかねないので留意が必要である。

　生活科授業は，体験を核に据えた教科であるだけに，以上述べてきたことを踏まえ，事前の計画を十分に練ることは重要である。

②**生活科授業の実施**

　事前にきちんと計画が練られたならば，実践は予定通りいくかといえばそんなことはない。「こんなに時間がかかるとは思わなかった」。子どもの実態を十分につかみ切れないまま，実践をしたときに，よく教育実習生がこぼす言葉である。大学生だから，思わぬ落とし穴に入るのかと

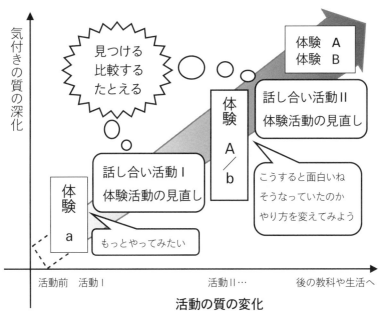

図5　生活科授業の基本展開構造

いえば，そんなことはない。現場教師も，ついやってしまうことである。

　また，教育実習生であれば一時間の授業を失敗しましたということで，リセットされて次時の授業を迎えるが，実際の子どもたちの思考は，誰が授業をしても途切れるものではない。教師サイドに，子どもたちの思いを大切に次時へつなごうとする意図と実際の展開のイメージがなければ，よく練られた計画もまったく意味をもたない。

　図5は，生活科の単元の基本的な構造である。活動を重視する生活科において，体験をもとに「もっと活動をやってみたい」「なぜ，こうなっているのだろう」という思いをぜひ抱かせたい。同時に，教師はたとえ活動の途中であっても，そのつぶやきを見逃してはならない。なぜなら，教師は計画の段階でそのつぶやきは，活動をすることによって出ると分かって活動を仕組んでいるのである。そうであれば，その活動を活かせる話し合い活動を用意し，児童のもっとやりたいという気持ちに対応した活動を，自分たち自身で考え，創りあげられるようにしたい。

　その際，大切になるのは活動の質と共に，気付きの質が高まるような活動へと高められているかという観点である。児童が考えた活動にその点が不足していれば，突き返すのも教師にとっては重要な出番である。

【基本構造を活用した実践例　①】

　図6に示したものは，岐阜県飛騨市の学校で，教員1年目の先生によって実際に展開された町探検の授業例である。この町探検の単元においても，まず探検において何を目指すかという指導の意図が必要となってくる。本実践では，農家と施設とお店の「すてき」を通して地元への愛着を見つけられるよう工夫されている。町にある産業・公共の施設・商店を区別し，人々がどういった営みをしているかという社会認識の入り口をゴールとしていることが感じられる。その発見のために探検が繰り返され，最終の目標に連結するように実施されていると考えれば，2回の町探検も小単元の役割が見えてくる。では，より詳細にその実際を見てみよう。

ア　1回目の探検

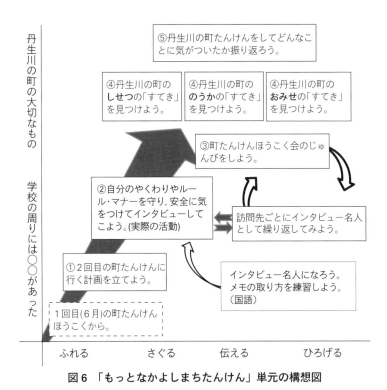

図6 「もっとなかよしまちたんけん」単元の構想図

 6月に実施した第1回の町たんけんは、校区の南側をクラス全員で歩き、身近な地域の施設やお店、建物を外から眺め、自分たちが歩きなれた所を改めて確認するのみであった。
 探検後には、関心を抱いた場所や自分のお気に入りの場所を絵や文章でしょうかいシートにまとめた。普段見慣れているつもりでも、自分たちの町について、もっと知りたいことが子どもたちに芽生え共有された。
 しかし、初任の先生には、秋の探検のことまでは考えが練られていなかった。つまり、1回目の探検はとりあえずの探検となってしまっていた。そのため、子どもたちの探検の気付きも、どのように次の探検に活用すべきか、その時点では分からずに模索をすることになったようである。

第4章 生活科におけるカリキュラム・マネジメント 71

その後，授業で用いたワークシートや夏にとったアンケートの結果をもとに，学年の先生方と児童の関心をもとに，秋の探検活動を位置づけ，目標が明確になるようカリキュラム・マネジメントによって修正が行われた。

イ　2回目の探検へ

　高山市は郷土教育の推進に力を入れており，第3学年からの社会科で学ぶ，身近な郷土の自然や産業などに触れる基礎づくりとして，低学年なりに地域の見方に気付くことにつながるスタートになるよう，本実践のイメージが描かれていた。

　この単元図の作成には，地域の社会科のスペシャリストの先生の授業参観から得たヒントや，学年の先生方のアドバイスによって，生活科を核にしながらも社会科へどうつなげるとよいのかをしっかり考えられ，マネジメントされている。

　野菜を生産されている農家や，その野菜を地域で販売している商店に授業の中で実際に訪問し，

「トマトはおいしいですか」

「作るとき大変なことは何ですか」

「どうしてカボチャなのですか」

「丹生川(にゅうかわ)にトマトが多いのはなぜですか」など

インタビューを実施した。学校帰りなどに分からなくなった疑問をさらに尋ねに訪れる子も現れる。このように地域の施設や人々といった対象に繰り返し関わらせることは，自分たちの町にしかないよさを体験的に気付き，「ふるさとを大切にしたい」「私たちの生活を支えてくれる人に感謝しよう」といった情意や社会認識の基礎につながっている。

　本単元で扱った生活科の「〇〇たんけん」のような授業では，児童の気付きはそれぞれ異なる。そのため，町で出会った人々に触れ合う中で，気がついたことを交流する時間は必須である。児童同士のかかわりの中で一人一人の表現活動の充実を目指し，協同的な学び合いが行えるよう時間も確保されている。

　この実践を振り返ってみると，1回目の計画段階では，十分に年間を通した計画は練られていない。しかし，夏の修正によって計画が定ま

り，児童にも主体的な動きが見えたという事例である。カリキュラム・マネジメントをしたときと，しないときの違いである。ここからも生活科のような多様な活動を構成する教科での，カリキュラム・マネジメントの重要性が分かる。

③生活科授業の評価

　個人，学級全体にとって計画段階で，しっかりと目標が設定されているならば，学習の結果（ゴール）はその目標の表裏となっている。そのため，一つは気付きの深化がしっかりとなされたかということが重要である。しかし，生活科の場合，低学年児童の発達にもばらつきが大きく，幅のある基準を用意し，複数単元での変容をしっかりと見極めていきたい。同時に，学びの過程における人・ものとの関わり方や情意の観点なども，重要な評価の側面として見取っていきたい。

　そのためには，低学年においても表現活動が必要になってくる。ワークシートのポートフォリオ化，個人（グループ）パフォーマンスなど，生活科らしい評価を盛り込んでいきたい。

　また，上記のような評価を実施しようとすれば，活動中の児童の様子を一人の教師だけでは見られないことも多い。デジカメやVTR，ある

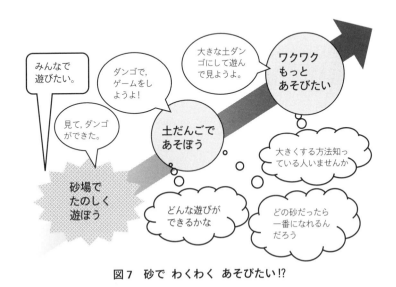

図7　砂で　わくわく　あそびたい!?

いは他の教員や保護者からの協力など、開かれた授業課程の中の授業に盛り込めば、活動をよりダイナミックに展開できる。

こうした子どもの姿をもとに、カリキュラムそのものを評価しないといけない。重要なことは、評価サイクルを単年の活動で閉じないことである。評価の成果をもとに、次年度の学校カリキュラムへとつなげなければ、毎年同じような活動を繰り返し、子どものつまずく点も毎年同じということになりかねない。図4で示した通り、カリキュラム・マネジメントの実施の観点から、より良いカリキュラム評価を展開すべきである。

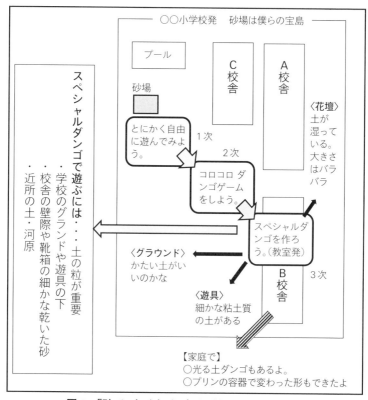

図8 「砂で わくわく あそびたい!?」単元計画

⑶ カリキュラム・マネジメントを用いた展開例

ア 計画段階

　実践例①は，帯単元のある後半一部分の実践であった。

　次に紹介するものは，単元全体の構想を具現化していくための一連の計画案から実践までを示している。

　計画段階で，教師は児童の思考と気持ちをどれだけ推し量れるかが重要であるということはすでに述べた。図7は，教師が流れてほしいという授業展開であり，一目で児童の気持ちも分かる。

　一方で，同じ単元の流れでも図8は児童の活動場所と，そこで展開されると思われる活動の様子が，学校のどこで展開されるか見て取れる。また，活動をつなぐ矢印は，話し合いの過程であろう。そして，左端には気付きの質の高まり，下段には家庭でも開かれてほしい教師の願いがすべて記されている。

　どちらの教師の単元の計画案が良いということではなく，十分に吟味されているものであれば，こうした一つの図からも単元全体で押さえたいことは見えてくる。

イ 深めたい気付きへ

　生活科は，子どもたちが，主体的に自分のこだわりをもち，その思いや願いをもとに取り組む活動や体験を通して，学んでいくことが基本である。しかし，低学年の児童である。活動をしながら，他の事柄に気が移ったり，脱線したりすることも多い。学習の基礎であるが，それを計画段階で教師が自覚しなければ，生活科の深い学びには到底到達できない。そのためには学習対象への気付きの整理（図9）が必要である。

　そもそも生活科は，教師が知識を与えることもなく，それ自体を誰かから教えられる教科でもない。しかし，生活科も教科である以上，気付きの深化を想定しない準備はあり得ない。

　子どもたちの知的成長にしっかりとかかわることが求められる。ここでいう知的成長とは，当然，気付きにかかわるものを指すが，その他にも体験を経験へと昇華させる学びも含まれている。つまり，気付きはそれ自体で，児童自身への深化にはつながらない。活動と友達の存在に

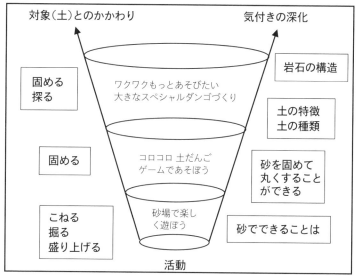

図9　土と学習活動の深化で得られる児童の気付き

よって協働的に学びは形成され，「もう一回」「もっと」「いいな」などという形で児童の中で自覚化がなされていく。いうなれば，新学習指導要領で求められる「資質・能力」を，低学年の段階で統合的に学ぶことのできる教科であるからこそ，計画段階での整理は重要である。

ウ　授業の実際

第1次

　子どもたちが，砂場で自由に遊ぶ。生活科だけが遊べる教科と言いながら，それは本来の遊びではない。時間，きまりなど制約が，絶えずつ

いて回る。それでも「自由に遊びましょう」ということになったとき、児童は子ども本来の姿を出して遊び始める。

砂場で遊ぶ姿を分類すれば、大きく三つに分けることができる。まず、穴を掘り続けるグループ。次は山を造り、トンネルを掘るグループ。

最後が、土ダンゴを作り始めるグループである。自由に遊んでいるようであるが、それぞれの遊びの経験や友達関係を見ることができる。

第2次

子どもの姿は、実践を繰り返していけば見えてくる。その姿とつぶやきから、グループではなく、みんながやっていたことをもとに、全員が参加できる遊びはないかを話し合う。

当然、自分たちが何をやって遊んだか、それを組み合わせるとどうなるか、何をすればよいのか、創造的に意見を交わさねばならない。

A児が、「ダンゴを転がしてゴルフのように穴に入れたことが面白かった」と言うと、それに賛同する意見が出る。

「みんなが作った山の上から転がして、ゲームにしたら面白いかもしれない。」

「うん、それ、いいかもしれない。」

「山だと転がりにくいかもしれないし、砂場は転がらないから面白くない。」

「それなら、坂を作って転がそう。穴に入るか、遠くまで行くか競争しよう。」

この間の話し合いには教師は登場しない。子ども任せのようであるが、こうした児童一人一人がやりたいことを出し合い、一つの意見に合意し、没頭する話し合いこそ、主体的な対話の場面である。同時に、生活科の授業運営の中での教師の難しさでもある。主体的な話し合いはなされるが、教師は気付きの深化を目指すためには、遠くまで転がるとい

第4章　生活科におけるカリキュラム・マネジメント

う競争の方が，土だんごの発展ができると授業計画の段階では判断をしている。

できるだけ児童の話し合いを進め，自分たちで決定したという有用感を育てながら，教師の意見も子どもの話し合いに織り交ぜていくことができるように目指していきたい。

実際のゲームは，右写真のようになった。きれいで，凹凸の少ない球体の方が遠くまで転がる。一番遠くまで転がった子は，土だんごづくりが好きではないが，じっくり何事にも丁寧に取り組むおとなしい子であった。一番になって，他の子からどうやってつくるのと尋ねられても，特別な方法があるわけでなく，その子なりの表現で「つるつるのほうが気持ちいいから，丁寧に磨いていただけ」との言葉を漏らしていた。他の児童もその言葉から表面の均一化と滑らかさがを目指すようになる。意外なところで一番になった子は，突然自分自身驚いていたが自信ももてたようであった。

また，途中で割れたり，欠けたりしながらも，遠くまで転がる土だんごも出現し始める。

たまたま，その欠けた土だんごが，一番遠くまで転がったとき，突然。児童の間で，「このゲームで，壊れた土だんごは，一番にしてはいけないよ。」「少ししか欠けていないから，いいんじゃないのかな」といった議論が沸き起こった。想定外の出来事に対して，児童が瞬時にどのような対応と判断をするのか，生活科をマネジメントする教師として一番おもしろいところである。予定にはないが，子どもたちが社会の中のルールを考える上では重要な点である。これを，予定にないからと切り捨てたり，教師が勝手に「割れたものはダメだよね」と言ったりしては，教師には逆らえないという，権威に迎合する集団を育ててしまいかねない。

生活科授業で，想定外の出来事を楽しむには，カリキュラム・マネジメントの段階で時間的な余裕を必ず入れておくことである。

第3次

　様々な没頭する活動ができた子たちは，それで充分である。しかし，内面の意欲はきっと様々なはずである。

　　・もう土だんごは飽きちゃった。また，砂場でトンネルやりたいな。
　　・もっと異なるゲームなら，自分でも一番になるのでは。
　　・もっと，まったく違う土だんごの遊びをやってみたいな。

表1　生活科の資質・能力の主な一覧

活動や体験を成長させる態度	あそんでみたい	そだてたい	いってみたい	考えてみると
	つくりたい	やってみたい	聞いてくる	話したい
気付き	へぇー，なるほど，すごい，そうだったのか，わかった，できた			
観察力 洞察力	見る・観る力	ミクロ，マクロに　ちがいや共通点を　相手の思いを考えて		
	探す力	視点をもって　予想を立てて　経験から		
	育てる力	愛情を持って　自分で　助けをかりて　命を意識して		
	ふれる力	形，大きさ，状態に気をつけている		
	聴く力	電話で　手紙で　相手の思いを考えて		
	はなす力	最後まで丁寧に　相手のことを考えて　まとめて　比喩で		
	発想する力	○○をやってみよう　こんな△△をやってみた		
	育てたい能力	力を発揮する児童の実態（つぶやき，動き　等）		
思考力 判断力	予想する力	こうだろう　こうなるはず　○○だから△になる		
	発想する力	あっ！　そうだ！　したいっ！		
	課題を見つける力	どうして？　あれ？		
	比べる力	ちがいは　同じ所は		
	分類する力	なかまわけ　○○と似ているけど		
	関係づける力	似ているのは		
	選ぶ力	こっちがいい　これがいい　これがしたい		
	決める力	私はこう思うから…これがしたい		
	一般化する力	☆☆ということは，□ということだろう　他では		
表現力	はなす力	聞き手を意識して　間を取って　抑揚をつけて		
	書く力	したこと，みたこと，きいたこと，おもったことを		
	演じる力	ごっこ活動でなりきる　表情豊かに動作化する　イメージする		
学びに向かう力	わっー　あれっ？　何？　どうする？　しよう！　したい！			

こうした子どもたちの意見を聞くには，あらかじめ計画に入れ込んでおき，さらなる活動で気付きの質が深まる活動を用意すべきであろう。繰り返しである。
　そして，気付きが深まったのかどうかは，あらかじめの見取りの指標（表1）を教師が持ち，その上で，単元で備えきれなかったと思う部分については，短期・長期的なスパンで支援を考えていきたい。
　もちろんこれは，3年生以降の様々な教科へつながる資質・能力の成長のリレーである。

《参考文献》
(1)　原田信之，須本良夫，友田靖雄編『気付きの質を高める生活科指導法』東洋館出版社，2011，p.53

（岐阜大学　須本　良夫）

第5章

子どもの成長を引き出す評価

この章は，生活科の評価を考える章です。
あなたは，この章でどんなことを明らかにしていきたいですか。

Main question を書いてみましょう。

Main question 解決のために，question を細分化してみましょう。

① ② ③

本章を学び（読み）終えたとき，あなたは Main question についてどんな気付きがありましたか。最後に振り返ってみましょう！

では，5章の始まりです。

① はじめに

　平成29年の学習指導要領改訂の大きな特徴は，コンテンツ（内容）ベースからコンピテンシー（資質・能力）ベースへの転換であった。教育課程全体を通じて求められているのは，生きて働く知識・技能の習得及びそれらを使って未知の状況にも対応するための思考力・判断力・表現力等の育成である。その実現のために，主体的・対話的で深い学び（アクティブ・ラーニング）の視点からの学習過程の改善が求められている。

　しかしながら，生活科は従来コンピテンシーの育成を目指し，そのためにアクティブ・ラーニングを行ってきた教科である。したがって当然のことながら，コンピテンシーの評価についての豊富な蓄積があり，これらは，今後他教科がコンピテンシーの評価を行うにあたって大いに参考となるものである。

　では，生活科の評価とはどのようなものなのか。他教科における評価と同じなのか。違いがあるとすればそれはどのようなことか。また，生活科における評価で大切にすべきものは何なのか。本章では，これらについて解説する。具体的には，生活科における評価の意義，評価の方法及び留意点，低学年児童なりの表現，生活科と他教科の評価における相違点と共通点等について，実際の評価の例も示しながら述べる。

② 評価の意義

　評価は，誰のために，そして何のために行うのか。まず，評価全般についての基礎的な事項を改めて確認しておきたい。

　この問いには二つの"答え"がある。一つは子どものためである。子どもが，自分自身の学習状況を把握して，以降の学習の指針を得るために行われる。今の自分は，以前と比べて何ができるようになったのか。

あるいは何についてどこまで理解しているのか。そして課題は何なのか。子どもたちが，自分の学習状況を的確に把握するための支援が評価の一つの意義である。自らの現在の学習状況と課題を的確に把握ができるということは，換言すれば，人間の成長に大きな役割を果たすとされるメタ認知ができるということでもある。教師が子どもたちのメタ認知を促すような評価を行い，さらに個に応じた学びの方向を提案するような声かけを行うことができれば，彼らの成長はより促される。つまり，一つの"答え"は，"子どもが自ら成長していくために"ということになる。

　ではもう一つの"答え"は何か。それは，教師のためである。教師は，子どもの成長を願って授業を準備し，行うのであるが，いつも計画したときの想定通りに授業が進み，それに伴っていつも子どもたちが順調に成長するとは限らない。では，なぜ想定とは異なることが起こったのか。どうすればよかったのか。子どもの学習の様子を的確に把握することでそれを振り返り，授業計画や授業における教師の言動の修正点やその代案等，得られた気付きを次の授業に生かす。そういうことを意図的に繰り返す中で，自分自身の授業に対する気付きの質が高まり，授業の質も高まっていく。いわゆる指導と評価の一体化であり，評価の重要な機能である。つまり，もう一つの"答え"は，"教師がよりよい授業を行うために"ということになる。これも評価を行う一つの意義である。

　児童が自ら自立し生活を豊かにすることを目指す生活科においては，"子どもが自己肯定感を高める"ことも，重要な評価の意義である。

③ 何を評価するのか

　「何を評価するのか」という問いは，別の視点から見れば「何を育むのか」という問いでもある。なぜなら，評価活動を行うことの意義は子どもの成長を促すことだからである。そこで，まず「生活科で何を育むのか」について見ていこう。

平成 29 年 3 月に公示された小学校学習指導要領では，現在の社会情勢や未来予測を踏まえて，すべての教科等の目標及び内容について「知識及び技能」，「思考力，判断力，表現力等」，「学びに向かう力，人間性等」の三つの柱で再整理が行われている。生活科においても，この三つを子どもたちに育むための授業を目指すことになる。同年 6 月に示された小学校学習指導要領解説生活編に，その具体的な記述がある。そこには，生活科で育成することを目指す資質・能力として，「知識及び技能の基礎（生活の中で，豊かな体験を通じて，何を感じたり，何に気付いたり，何が分かったり，何ができるようになるのか）」，「思考力，判断力，表現力等の基礎（生活の中で，気付いたこと，できるようになったことを使って，どう考えたり，試したり，工夫したり，表現したりするか）」，「学びに向かう力，人間性等（どのような心情，意欲，態度などを育み，よりよい生活を営むか）」の三つが挙げられている。もう少し具体的に見ていこう。小学校学習指導要領解説生活編（2017）には，各観点が次のように定められている。

《知識及び技能の基礎》
　活動や体験の過程において，自分自身，身近な人々，社会及び自然の特徴やよさ，それらの関わり等に気付くとともに，生活上必要な習慣や技能を身に付けるようにする。
《思考力，判断力，表現力等の基礎》
　身近な人々，社会及び自然を自分との関わりで捉え，自分自身や自分の生活について考え，表現することができるようにする。
《学びに向かう力，人間性等》
　身近な人々，社会及び自然に自ら働きかけ，意欲や自信をもって学んだり生活を豊かにしたりしようとする態度を養う。

　本章のテーマである"評価"の視点から言えば，この三つを的確に見取り，個々の子どもの成長につなげるには，具体的にどうすればよいのかということが問題になる。

(1) 生活科と他教科の違い

　生活科と他教科との決定的な違いは二つある。

　その一つは，自分自身への気付きを大切な学習内容としていることにある。自分自身への気付きの第1は，集団生活になじみ，集団における自分の存在に気付くことである。第2は，自分のよさや得意としていること，興味・関心をもっていることに気付くこと，そして第3は，自分の心身の成長に気付くことである。

　もう一つの違いは学習方法である。生活科では，学習の出発点は子どもの願いや思いであり，見る，聞く，触れる，作る，探す，育てる，遊ぶといった具体的な活動や体験を通して学習が行われる。そして，その過程で，自己決定・自己選択の機会がふんだんにある。

　つまり，生活科における評価は，子どもに自己決定・自己選択を繰り返す中で，自分自身への気付きを促すものでなくてはならないということである。

　では，他教科の評価においては自分自身への気付きを促さなくてもよいのか。答えは"否"である。前に述べたように，評価は"子どもが自ら成長していくため"の支援である。今の自分はどのような学習状況にあるのか。何が伸びて，何が課題なのか。教育課程全体がコンピテンシーベースとなった今，これまで生活科で行ってきた評価に対する考え方や手法が，他教科にとって大いに参考になるのである。

　生活科では，授業の終わりに学習の振り返りを書くことがよく行われ

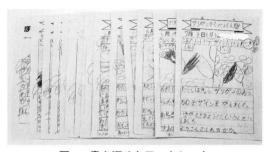

図1　書き溜めたワークシート

る。単元の終わりを迎える頃には，これがずいぶん書き溜められてくる。これらを見直す機会を設ければ，自分自身への気付きを促すことができる。

別の見直しの方法として，子どもたちが書いたものをファイリングして掲示しておくことがある。こうしておけば，子どもたちは授業中ではない時間にもめくってみることができる。

図2　ポートフォリオの掲示

図3　ポートフォリオを見る子どもたち

毎時間ごとのふりかえりの際にワークシートのタイトルを自分で決めさせるという方法も，自分自身への気付きを促す良い方法である。

図4　自分でタイトルを決める

以下は，ザリガニの学習におけるある子どものタイトルの変遷である。「触れたよ」→「今日は食べ切れた」→「もうすぐ脱皮かな」→「病気かな」。学習を始めた頃は，ザリガニが怖くて触れなかった自分が，ある日，触れるようになり，学習の終わりが近づく頃には，ザリガニを心配するまでになっていることが，タイトルを読むだけで分かる。以上のような仕掛けが，子どもに自分自身の成長に気付かせ，意欲や自

信をもたせることにつながるのである。

(2) 子どもなりの表現

　評価の前提は子どもの表現である。しかしながら、その表現は、音声や文字、あるいは顔の表情や動作のように顕在化することもあれば、教師が意図的に働きかけなければ把握できないこともある。

　生活科における子どもなりの表現には、どのようなものがあるだろうか。そして、それらを教師はどのように読み取り、評価につなげるのか。ここでは、生活科における子どもなりの表現と、その読み取り方について述べる。

　小学校1，2年生の子どもの表現は、シンプルであることが多い。
　例を挙げてみよう。
　「先生，ダンボールありますか？」
　子どもがこんなことを言ってきたら、あなたはどう答えるだろうか。
　「あそこにあるよ。どうぞ。」
　こう答えてしまったら、この子どもの表現からあなたは何も読み取れない。したがって評価もできない。では、どう答えればよいか。
　「何に使うの？」
　「ダンボールがあると、何かいいことがあるの？」
　このように答えれば、子どもの思いを引き出せる可能性は格段に高まる。

　以下に示すのはハムスターの飼育を題材にした単元で、飼育を始めてしばらく経過した頃のエピソードである。このとき「何に使うの？」と尋ねてみた。そうすると、意外な答えが返ってきた。
　「ハムスターの運動場を作るんだ」
　「え〜なんで？運動場なんていらないんじゃないの？」
　きっと何か思いがあるのだろうということは分かっていながら、さらに子どもの思いを引き出すため、子どもとの対話を続けた。
　「いや、部屋の掃除をするときに、ハムちゃんを別の部屋に入れておきたいんだ」
　「別の部屋なら、小さな飼育箱があるじゃない。ここで十分じゃない

の？」
「だって狭くて可哀想だもん」
「広い場所だったら窮屈じゃないもん。そのときに，ぼくたちが幼稚園の園庭で遊んだみたいにして，トイレットペーパーの芯とかも使って遊べる場所を作ってあげたいんだ」
「ハムちゃんが遊んでいる間に，部屋をきれいにしてあげたいんだ」

　この時間までは，ハムスターの部屋を掃除するときには，小さな飼育箱にハムスターを一時避難させていた。しかし，しばらくの時間とはいえ，狭い空間にいるハムスターを何度も見ているうちにそれが可哀想になってきたようだ。自分たちが体育館で思い切り遊ぶときのような場所を作って，その間に掃除をしたらちょうどいいのではないかという考えを思いついたらしい。そして，次のような一言も返ってきた。
「ダンボールで作ったら，汚れたら捨てられるもん」
「ダンボールだったら穴をあけやすいし，切りやすいもん」
　後始末や加工のしやすさのことまで考えていたのだ。「あるよ。どうぞ」と返していたなら，以上のような子どもの思いや考えは決して見えてこない。シンプルな表現に隠れている子どもの思いを引き出すために，子どもと教師の対話は極めて重要なのである。

Q：子どもの思いを引き出す方法について，話し合ってみよう。

「先生，○○ありますか？」
「それ何に使うの？」
「できるまで内緒」
　子どもと教師のこのような対話があったとしよう。「できるまで内緒」という子どもなりの表現の裏側にある子どもの思いを引き出すために，あなたはどうしますか。

④ どこを評価するのか

　子どもなりの表現から，彼らの思いや考えを読み取ったならば，次は，どこを評価するかである。先に述べたように，生活科の評価の観点は以下である。

《知識及び技能の基礎》
　活動や体験の過程において，<u>自分自身，身近な人々，社会及び自然の特徴やよさ，それらの関わり等に気付く</u>とともに，<u>生活上必要な習慣や技能を身に付ける</u>ようにする。
《思考力，判断力，表現力等の基礎》
　身近な人々，社会及び自然を自分との関わりで捉え，<u>自分自身や自分の生活について考え，表現する</u>ことができるようにする。
《学びに向かう力，人間性等》
　身近な人々，社会及び自然に自ら働きかけ，<u>意欲や自信をもって学んだり生活を豊かにしたりしようとする態度</u>を養う。
　　　　　　　　　　　　　　　　　　　　　　　※下線は筆者による

○自分自身，身近な人々，社会及び自然への気付きはあるか
○生活上必要な習慣や技能は身に付きつつあるか
○自分自身や自分の生活について考え，表現しているか
○意欲や自信をもって学んだり生活を豊かにしたりしようとする態度は
　培われつつあるか

　読み取った子どもの思いや考えを，これらの観点で評価することになるが，「自分自身，身近な人々，社会及び自然への気付き」については注意が必要である。それは，気付きの有無のみならず，気付きの質の高まりの有無を見取らなければならないということである。生活科では創設以来，「気付き」が重要視され続けてきた。2008年版の小学校学習指導要領解説生活編では「気付きの質を高める」ことが明記され，2017

年版でも同様の記述がある。子どもの成長は常に現在進行形であることを考えれば，「有無」だけでなく「高まりつつあるかどうか」に留意することは，至極当然のことでもある。

では，これらをどうやって評価するのか。次節では，評価方法について述べる。

⑤ どうやって評価するのか

前に述べたように，低学年の子どもの表現はシンプルであることが多い。したがって，まずは表現の裏側にある子どもの思いや考えを読み取ることが必要不可欠である。また，生活科は教科の特性上，授業においては活動がメインであり，しかもその活動は個別に行われることが多々あるので，個別の活動をどう評価するのかについての工夫が求められる。さらに，情意までもが気付きであり，評価の対象である。

以上のように，生活科は他教科とは異なる特性を有しているがゆえに，評価においてはペーパーテストではなく授業中の行動や学習の「ふりかえりシート」における記述，作品を注意深く観察することが重要である。とりわけ，子どもと教師の対話は子どもの思いや考えを引き出す上で極めて有効な方法である（どのような対話が望ましいのかについては前節を参照されたい）。忘れてはならないことは，以上を通じて得られた情報は適宜記録をしておくことである。記録をしておかなければ，「気付きは高まりつつあるか」「習慣や技能は身に付きつつあるか」「考え，表現しているか」「態度は培われつつあるか」について，その成長を評価することができないからである。

また，個別の活動を適切に見取ろうと思えば，例えばチェックリスト法を用いたり，短時間で個別の活動を評価（図5）して，気になる子どもがいたら声をかけて対話したりする等の工夫が求められる。

以上を踏まえた上で，評価を行う際に留意すべき極めて重要なポイントが三つある。これらは他教科とも共通するものである。

第一は，"評価の規準と基準を明確にする"ことである。

```
【2年生の例】
きょうの かつどうは どうだったかな？

  😄    😊    😐    😟

だってね
```

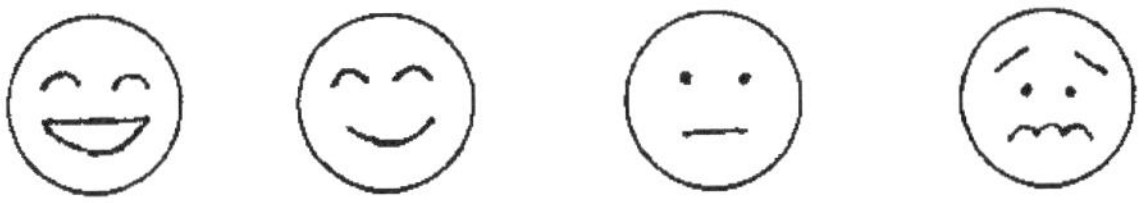

図5　短時間で子どもが自己評価する事例

　何について評価するのか，また，その単元においてどのような子どもの姿を目指すのか。"どうやって評価するのか"の前に，"何について評価するのか"が明確になっていないと，適切な評価はできない。このことは自明のことではあるが，生活科のこれまでの実践に対して「活動あって学びなし」との批判があることは，適切な評価がなされていない場合があることの一つの証であろう。

　どのような姿を目指すのか。もちろん学習前の子どもたち一人一人の実態は同じではないので，"目指す姿"も全く同じとはならない。しかしながら，大まかな目安として，単元の評価規準と基準を設定することは，的確な評価を行うために極めて重要である。具体的には，評価規準表の作成が一つの有効な方法となる。なお，"何について評価するのか"についての詳細は，本章第3節及び4節あるいは小学校学習指導要領解説生活編を参照されたい。

　第二は，"比較する"ということである。
　本章のタイトルは"子どもの成長を引き出す評価"であるが，"成長"は時間的経緯を伴う。つまり，「"以前"と比べて"今"は…」ということである。したがって，"比較する"ための情報を，同じ子どもについて，少なくとも"以前"と"今"の最低でも二つは得る必要がある。その際留意すべきことは，目の前にいる子どもたちの実態及び単元の特性に応じた評価方法を用いて，計画的に複数回の評価を実施し，それを子

どもたちが成長できるように効果的に彼らに還元するということである。なお，評価の方法については，行動観察やポートフォリオ評価など，これまでに多数提案されてきているので，専門的に学習してみたいと思われる読者には教育評価に関する専門書を読まれることを勧める（例えば『教育評価』梶田叡一，2010）。

　第三は，"その時点の子どもの実態を的確に把握する"ことである。
　6歳児や7歳児の振る舞いを頭に思い浮かべてもらえばおそらく分かっていただけると思うが，彼らの表現は大人のそれとは同じではない。あふれるほどの考えをもっていながら断片的な表現をしたり，黙々と何かをやっていることそのものが考えの表現であったりする。そのような彼らの"その時点における実態を的確に把握する"のは，簡単なことではないが，これまでに述べてきたような方法等を用いて日々の授業における評価活動を省察的に行うことを繰り返せば，より的確な実態把握ができるようになる。

⑥ 評価の際に気を付けること

(1) 子どもと対話する

　ヴィゴツキーが指摘しているように，無意識的に表現している話し言葉とは異なり，書き言葉は随意的に表現しなければならず，したがって，話し言葉で表現できたものがすべて書き言葉として表現できるわけではない。
　つまり，子どもと対話しながらだと，その子の思いは引き出せるけれども，「後で書いたものを見ればいいや」というわけにはいかないということである。低学年の子どもたちは，思いを十分に書けない子の方が多い。したがって，子どもたちの活動中に，教師が何をするかというのは，子どもを適切に見取るために極めて重要なポイントとなる。ずっと黙って見ているだけでは不十分である。子どもたちが活動しているとき

に，できるだけ子どもの中に入って，教師が見て「あれ？」と思うことや「面白そうなことをやっているな」「昨日と違うことやっているな」と思うことを見つけたら，そこへ行って「それをやったら何かいいことがあるの？」「どうして昨日と違うことをやっているの？」といった声をかけてみることだ。はじめはうまく声をかけられないかもしれないが，子どもとの対話を弾ませることを意識して声をかけることを繰り返していけば，そのうちに自然とできるようになる。それは，子どもをより的確に見取る強力なツールとなるのだ。

(2) 対象を自分との関わりで捉えさせる

　子どもが対象を自分との関わりで捉えることは容易か否か。それは，対象次第である。例えば，ハムスターのように，子どもたちが直接触れることができて，しかも温かさが感じられるものは，教師側がそれほど仕掛けを工夫しなくても，対象を自分との関わりで捉えることが多い。
　しかしながら，同じ動物であっても，ザリガニの場合はそうはいかない。子どもと対象の間に水槽の壁や水という境があること，触ろうとすると挟んできて痛い思いをすることがあること，ようやく触ることができても温かさが感じられないこと等がその理由であろう。このような場合，教師が取り立てて工夫もしないでいると，「私は今日楽しかったです」といったように，対象を自分との関わりで捉えることができないケースが多発することになる。ではどうすればよいか。例えば，振り返りのときに，「私は」で始めるのではなく，ザリガニになって気持ちを書くように促すとよい。「ザリガニになって」書くと，「毎日お世話してくれてありがとう」「ぼくが食べやすいようにエサを小さくしてくれたので嬉しかったよ」などと書くようになる。つまり，自分が何をしたかを必然的に振り返るのである。こうすれば，子どもたちが，何に気付いたのか，どう試したのか，どう工夫したのか，といったことが浮かび上がってくる。
　「毎日お世話してくれてありがとう」「ぼくが食べやすいようにエサを小さくしてくれたので嬉しかったよ」といった子どもの表現に対しては，「それに対してなんて答えてあげる？」と問いかけてみよう。子ど

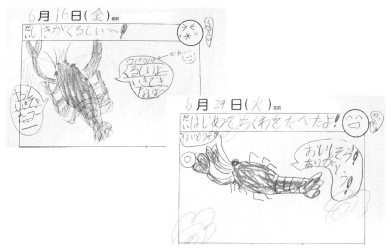

図6　対象の気持ちになって書(描)く

もに今後の自分の行動についての自己内対話を促し，対象との関わりがより一層密になっていく可能性が高い。つまり，対象を自分との関わりで捉えさせる工夫は，子どもの変容を促す可能性もあるということである。

Q：植物を自分との関わりで捉える方法について，話し合ってみよう。

(3) "書(描)けない" 子どもへのアプローチ

　先にも述べたように，書き言葉の習得は話し言葉のそれに比べてずいぶんと困難な仕事であり，自分の思いや考えを文字で表現することは，個人差はあるものの低学年の子どもたちにとって決して簡単なことではない。また，生活科のワークシートでよく見られる絵を描くスペースは，絵を描くことが苦手な子どもにとってはしんどい場所であり，筆が進まないことは想像に難くない。"書(描)けない"子どもにどうアプローチすればよいだろうか。

　"書(描)けない"理由は様々である。

○絵から描いていいのか文から書いていいのか分からない
○自分は絵が下手だから…
○書(描)くことがない
○今日は何もできなかったから…

　このような，"絵が苦手な子"や"文が苦手な子"の存在は決して珍しいことではない。それが彼らの現時点の状況である。

《代筆をする》
　ハードルがあるときの一つの対応例は代筆することである。代筆することの是非については賛否両論あろう。しかしながら，その子の今の立ち位置（状況，成長の段階）を見極め，その時点のその子にとって，より適切であろうと思われる支援が代筆であると判断すれば，おそらくそれはその時点における最良の支援である。

《対話をする》
　「楽しかった」しか書いてこなかった子どもがいたとする。そういう子どもには「何が楽しかったの？」と尋ねてみる。「ジャングルジムで○○したのが楽しかった」「鬼ごっこしたのが楽しかった」と返ってきたら「はい，それを書いておいで」と返す。「はーい」と言って席に帰る後ろ姿に「誰と遊んだかも書くんだよ」と付け足す。そこまで書いてきたら「次は何をしたいの？もう一回やりたいの？」って聞いてみる。「次は…そうだなぁ…○○さんの遊びが楽しそうだったから，次はあれに挑戦したい」「次は○○さんに負けないようにやるぞ」などと返ってきたら「それを書いておいで」と返す。

《例を示す》
　例えば「ザリガニの絵を描きましょう」と言うときに，ザリガニを大きく描くのか，それとも水槽ごと描くのかで悩むというのはよくあることである。「自由に描きましょう」と言うのは，実は低学年の子どもた

ちにとって，高いハードルである。このような場合，「まずザリガニを大きく描いてごらん」といった具体的な支援が活動を促す。

　個別の支援の場合，子どもとの対話の中で何を描きたいかが把握できれば，より具体的な声掛けができる。ザリガニのはさみで挟まれたところを描きたいということが分かったとすると，「はさみだけ大きく描いてもいいよ」などと具体的に助言してやれば，筆が進むというのはよくあることなのだ。

　以上のような教師の働きかけは，長い目で見れば子どもの表現力を向上させ，気付きの質を高めるための非常に効果的な支援となる。
　"書（描）けない"子どもがいる。それは，その時点でのその子の状況であり，成長の過程である。代筆をしたり，対話をしたり，例を示したり，あるいは「短くてもいいよ。楽しかったでもいいよ」と声をかけたりすることで安心させて，まずは自分が何かを書くことから始めさせる。これは，彼らが少しずつ伸びていくことのきっかけづくりでもある。

⑦ 評価基準の例

　これまで述べてきたように，生活科では子どもが具体的な活動や体験を通して学び，行動や情意についても評価の対象である。したがって，より信頼性の高い評価を行うためには，評価規準，評価基準ともに具体的な子どもの姿として表しておくことが重要である。
　その際，小学校学習指導要領解説生活編（2017）にも記述があるように，「多くの秋を見つけている」「絵や文でたくさんかいている」といった「量的な面」だけでなく，気付きの質の高まりや態度といった「質的な面」の評価ができるようにしておかなくてはならない。以下に，評価規準，評価基準の例を示す。

表1　単元「どんなおはながさくのかな」の目標と評価規準例

内容（7）「動植物の飼育・栽培」	
【単元の目標】 　自分が選んだ植物の栽培を通して，植物が成長していることや世話ができるようになった自分に気付き，生き物への親しみをもち，大切にすることができるようにする。	
知識及び技能の基礎	・自分が選んだ植物を栽培することを通して，植物も自分たちと同じように生命をもって成長していることや，成長や変化の特徴，上手に世話ができるようになった自分に気付いている。
思考力・判断力・表現力等の基礎	・育てている植物がより育つための世話を工夫したり，栽培の過程で気付いたりしたことを，対象と自分を関わらせながら自分なりの方法で表現している。
学びに向かう力，人間性等	・自分が選んだ植物や友達が選んだ植物が成長していく様子に関心をもち，自分の思いや願いに基づいて積極的に関わり，大切に育てようとする。

表2　単元「どんなおはながさくのかな」の「知識及び技能の基礎」評価基準例

十分満足できる 学習状況A	・植物も自分たちと同じように変化・成長していく生命あるものであることに気付いている。 ・上手に世話ができるようになった自分に気付いている。
おおむね満足できる 学習状況B	・植物は変化・成長するものであることに気付いているが，自分たちと同じように生命あることには気付いていない。 ・世話ができることに喜びを感じている。
努力を要する 学習状況C	・植物が変化・成長していくこと，自分たちと同じように生命あることに，指摘されるまで気付かない。 ・世話ができるようになったことに気付いていない。

⑧ 短期スパンと長期スパンの評価の意義

　生活科では，自立し生活を豊かにしていくための資質・能力を育成することが目標である。資質・能力は長い期間をかけて育成されるもので

第5章　子どもの成長を引き出す評価　　97

あるから，1年間あるいは2年間にわたる長期スパンの評価は必須である。一方で，資質・能力の育成は，一単位時間あるいは単元の学習の積み重ねによって実現するものであるから，当然のことながら短期スパンの評価も重要である。両者は車の両輪のようなものであり，どちらかが欠けても資質・能力を育成する評価として十分なものにはなりえない。

　一単位時間ごとの評価は，教師にとってはその時その瞬間の子どもの状況を捉える機会であり，子どもにとっては「今の自分」を知る機会である。単元における評価とは，具体的には単元末の振り返りの場面をイメージしてもらいたい。書き溜めた学習カードを見直すことなどによって，単元はじめの頃の自分と単元末の自分を比べることで自分の資質・能力の高まりに気付き，自己肯定感を高める絶好の機会となる。単元の最後の作文に，「最初は触れなかったけれど，触れるようになったよ」という記述があれば，それはその子どもにとって大きな成長であるし，「世話の仕方が上手になったよ」という記述があれば，上手になるように頑張った自分自身に気付いた可能性がある。教師の声かけや作文への朱書きによって，「最初こうだったのに今はこうだ」「私はこれができるようになった」「この勉強をしたからこそ○○ができるようになったんだなぁ！」といった自らの資質・能力の高まりに気付く可能性は高まっていく。これが短期スパンの評価の意義である。

　一方，長期スパンの評価は，子どもの資質・能力の育成をより計画的に行うことを可能にする。以下のような表を作ってみよう。簡単な表のようにも見えるが，この表を作成するためには各単元の目標について検討することが必要である。結果的に，観点の偏りのない計画的な授業運

	単元A	単元B	単元C	単元L	単元M
知識及び技能の基礎	○	◎		○	◎
思考力・判断力・表現力等の基礎	◎	○		◎	○
学びに向かう力，人間性等	○		◎		○

表3　長期スパンの評価計画の例

営と信頼性の高い評価の実現に大きく寄与する。

⑨ おわりに

　生活科の評価にあたっての大前提は"児童理解"である。しかしながら，活動や経験を中心に学習活動が展開する生活科では，一言も喋らずに黙々と活動している子どももいるし，低学年の子どもたちはシンプルな表現をすることも多い。本章では，このような子どもたちの表現を，どのように理解していくかについても述べてきた。それは，彼らの行動や学習の「ふりかえりシート」における記述，作品を注意深く観察することであった。さらには，子どもと教師の対話の重要性については繰り返し述べるとともに，書（描）くことが難しい子どもに対しては，時には代筆をしたり例を示したりすることも方法の一つであり，得られた情報は適宜記録をしておくことの重要性を指摘した。

　そこで，章の最後に，"児童理解"のために不可欠な教師の姿勢について述べておく。最も重要なことは"共感"である。子どもは時に教師から見れば意外な，あるいは突拍子もない言動を見せることがある。しかしながら，そのすべてには必ず理由がある。教師が勝手な物語を作らずに，その理由を真摯に探る努力をすれば，"理由"は必ず見えてくるはずである。それは子どもの"本音"と言ってもいいだろう。言動の裏側にある"理由"や"本音"が見えなければ，適切な指導はできない。"共感的な姿勢で子どもを見ること"こそが，適切な指導を実現させる第一条件である。

　次いで重要なのは，"児童理解"のための機会を十分に設定することである。そのための対話の重要性についてはすでに述べた。それ以外の具体策はないだろうか。一つの手立てとして，子どもと子どもを結び付けることがある。例えば困っている子が何人かいることに気付いたら，黒板の片隅に"うまくいったよコーナー"や"困っていますコーナー"を設けてみることだ。うまくいっていない子には，「○○さんは，最初は困っていたけれども，今はうまくできるようになったって言ってい

よ」などと声をかけるのも良い。そうやって，子ども同士で関わり合いながら学習が展開していくのを見守ること，これも"児童理解"のための機会である。実は，このような機会は子ども同士の自然な相互評価を促すとともに，適切な自己評価，学びの促進，円滑な学級経営等々に極めて良い影響をもたらすのである。

　"待つ"こと，"見守る"ことは，生活科においては特に重要である。その間に子どもが見えてくるからである。見えなければ当然"児童理解"はできない。生活科では，教師はエデュケーターであるべきなのだ。

《引用・参考文献》
梶田叡一『教育評価』有斐閣双書，2010．
文部科学省『小学校学習指導要領解説　生活編』2017．
中村和夫『ヴィゴツキー心理学』新読書社，2004．
西岡加名恵『教科と総合に活かすポートフォリオ評価法』図書文化社，2003．

　　　　　　（富山大学　土井　徹，富山大学人間発達科学部附属小学校　有島　智美）

図工の造形遊びと生活科の違いはどこ

　図画工作の造形遊びは，材料から思いついたことを表現して，色や形のよさや面白さを味わう学習です。同じ材料を使っても，生活科と図画工作科では付けたい力が違うので，子どもたちへの価値付けや意味付けが違ってきます。

> T：「この積み木でどんなことができそうかな。」
> C：「こんなふうに並べることができるよ。」
> C：「積むこともできるよ。」

◎造形遊びや生活科で使う材料例
○自然物
土・粘土・砂・小石・木の葉・小枝・木の実・貝殻・雪や氷・水など
○人工の材料
新聞紙・ダンボール・積み木・布・ビニール袋・包装紙・紙袋・縄やひも・空き箱など

○積み方や並べ方を変えて、形のよさや面白さを感じる。

○表したことの見方を変えて、形や色のよさや面白さを感じる。

　生活科も図画工作科も、仲間と関わりながら学習します。しかし、図画工作科の特徴は、つくる喜びを感じながら、つくり、つくりかえ、つくり続ける児童の育成を図ります。そうすることで、色や形のよさや面白さを感じたり、素材の特徴やよさを感じたりすることを大切にしています。

　生活科のねらいの「具体的な活動や体験を通して、自立への基礎を養う」と比べて考えると、同じ遊びでも大きな違いがあります。

（岐阜大学教育学部附属小学校　石原　正悟）

実践編

第6章

アリの目と鳥の目の往復で広がる世界の育成を目指した授業

　この章は，3年生以降で学ぶ社会科において重視されている，地図を活用する力を身に付けるために欠かせない空間認識について，「たんけん」を軸としてその形成につながる資質・能力の育成を考えた単元モデルを紹介しています。

　あなたは，この章のタイトルからどんな授業計画ができそうですか。この単元で気付いてほしいものや育成したい資質・能力はどんなものですか？

　そのために，どんな単元構想が考えられますか。大きく三段階で考えてみましょう。どこに，どんな活動を入れますか？

①	②	③

　本章の実践を見たとき，あなたはこの実践から何に気付きましたか。最後に振り返ってみましょう！

① 生活科における空間認識形成の重要性

(1) 生活科での「たんけん」と社会科での地図学習

　生活科には，子どもにとって身近な環境を対象として学ぶ機会がたくさんある。なかでも学校や通学路，あるいは身近な生活圏の「たんけん」は，低学年の子どもにとって非常に魅力ある学習だといえよう。このことは，筆者が大学生に対して実施したアンケート調査において，自分が受けた生活科の授業に対する印象や思い出を尋ねたところ，3分の1を超える学生が，教室外や学校外を「たんけん」した活動を回答したことからも伺える。

　また，「たんけん」を通して児童が自分と関わりのある空間の様子をとらえることは，空間認識の形成につながる点で，生活科を超えて大きな意味をもつ学習でもある。2年間の生活科の学習を終えた子どもたちは，3年生に進級して社会科を学ぶ。その最初の単元である身近な地域の学習の中では，地図の表現の約束事や身近な地域を調べて分かったことを地図にまとめることも，学習内容として取り扱うこととされている。

　しかし，空間認識の発達段階から見た場合，小学校3年生では，地図の視点，すなわち上空から空間を面的な広がりでとらえることは，まだ十分行いにくい段階にあることが，子どもの空間知覚に関する先行研究より明らかになっている[1]。身近な地域を対象にするとはいえ，社会科では子どもの側からすればいきなりとも言える形で，地図を通して空間をとらえたり分かったことを地図上に表現したりすることになるのである。これは発達段階の観点から，子どもに対して無理を強いていると言わざるを得ない。

　社会科学習において，地図は情報収集や表現の手段として重要なものである。それにもかかわらず，小学校3年生で行われる地図学習の内容と発達段階との間にギャップが存在することは，子どもが地図を難しいものとして敬遠することにつながりかねない点で，大きな問題をはらん

でいる。筆者はこのギャップを埋めるための鍵を握るのが，生活科で行われる「たんけん」であると考えている。

(2) 生活科における空間認識形成の課題と「たんけん」

　生活科では，「たんけん」を行う機会が，学習対象を変えながら2年間で何度かある。子どもの空間認識の形成を視野に入れながら，低学年なりに地図に親しむ工夫をすることによって，「たんけん」をより意義深い活動にしていくことができる。

　特に「たんけん」した場所の地図を描くことは，子どもが実際に関わりをもった空間をとらえ直すことにつながる。そのため，気付きを生み出したり質を高めたりするためにも，効果的な活動であると考えられる。ところが，約30年前の教科誕生時に比べると，生活科において子どもが地図を描くことは重視されなくなってきており，そのことが生活科にとって重要な，場所への愛着を育むことにも影響を与えているとの指摘がなされている[2]。

　「たんけん」は，教室を飛び出して学習対象となる場所に出かけ，そこに存在する事物・人々と実際に関わることによって，子どもが身近な社会や人々について気付いたり，理解を深めたりできることから，生活科で重要な意味をもつ学習活動である。それに加えて，「たんけん」を行う単元の中に，子どもが体験を通して空間を把握したり表現したりするための学習内容や学習活動を位置付けることで，子どもの空間知覚の発達段階を踏まえながら，3年生での地図学習へと無理なくつないでいくための基礎づくりも可能になる。

② 生活科らしい空間認識形成

(1) 子ども自身を中心とした空間認識

　生活科での空間認識の形成は，社会科での地図を活用する力の土台を築くことを視野に入れつつも，生活科らしさのある活動を通して図るこ

とが大切である。

「自分」という軸で対象をとらえ関わる生活科の学びの特質に基づき，あくまで子ども自身を中心とした空間の把握の仕方を経験できる学習活動によって学びを構成していくことが，生活科における空間認識の形成においては望ましい。そこで生活科では，客観的に空間をとらえる枠組みである方位を用いるのではなく，子ども自身を中心として，前後・左右というからだの感覚と結び付いた形で空間をとらえることを重視したい。

(2) アリの目と鳥の目での空間認識

子ども自身を中心とした空間のとらえ方をする一方で，3年生の社会科での地図学習とのギャップを埋め，地図を活用する力を育てていくための土台となる空間認識を形成するために，図1に示す「アリの目」と「鳥の目」の二つの視点で空間をとらえる活動を組み合わせて「たんけ

図1　アリの目と鳥の目による空間認識

ん」の単元を構成することを提案する。

アリの目での空間認識とは，学習対象となる場所やそこに存在する事物・人々をミクロな目で観察することによって行われる。子どもが自らの興味・関心を出発点として，五感を働かせながら対象と実際に関わることから，アリの目で空間をとらえることは生活科らしい空間認識といえる。

一方，鳥の目での空間認識とは，マクロな目で空間に存在する対象を俯瞰し，事物の関係を面の広がりの中で把握することによって行われる。鳥の目とはまさに地図を描く上空からの視点であることから，社会科での地図を活用する力の育成につながる空間認識である。

次節で示す単元モデルでは，子どもが「たんけん」する中でこれら二つの視点を往復することによって，子どもの発達段階に応じた生活科らしい内容や方法で空間認識形成を図っていく。

③ 空間認識形成を意図した単元マネジメント

これまでの論を踏まえ，1年生入学当初に行う空間認識形成を意図した単元モデル「がっこうだいすき」（表1）を提案する。入学して新たな生活の場となった小学校への親しみや，これからの学校生活への期待がもてるようにするとともに，学校内を「たんけん」する活動を中心として，子どもが様々な人や施設と関わりながら位置や場所をとらえて表現し，空間認識を形成することを意図した単元構成となっている。

(1) 育てたい資質や能力の整理

①知識及び技能の基礎

小学校の様々な施設やそこで出会った人々（友達，先生，学校生活を支えている人々など）について知り，自分との関わりについて気付く。交流した人々と出会った場所や訪れた施設の位置を，自分を中心とした前後・左右の関係でとらえるとともに，見取図や地図と照らし合わせることができる。

②思考力，判断力，表現力等の基礎

　小学校の様々な施設の特徴や意味，また，そこで出会った人々と自分との関わりについて考える。交流した人々がいる場所や訪れた施設の位置を，自分を中心とする視点で捉えて言葉や絵図で表現できる。

③学びに向かう力，人間性等

　小学校の様々な施設や交流した人々に対する自分の思いや気付きを他者に伝えたり，他者の思いや願いを受け取ったりすることを通してその楽しさを感じるとともに，場所や人に対する気付きや愛着と学級・学校の一員としての帰属意識をもつことを通して，これから始まる学校生活への意欲を高める。

(2) 単元の計画

　各次の学習では，自らの興味・関心を出発点としながら「アリの目」で対象を観察して理解を深める活動が位置付けられている。これにより入学したばかりの1年生は，学校という新たな環境について知り，また自分との関わりに気付くことを通して，学級や学校への愛着をもち，安心して学校生活を送ることにつながっていく。それとともに，「たんけん」した場所を鳥の目でとらえて，見取図や地図に位置関係を表現する活動も組み込まれている。

　第1次は，入学後すぐに行うスタートカリキュラムとして位置付けている。手本を見ながら自分の名前を書いたり，好きなものの絵を描いたりして名刺を作り，楽しい雰囲気の中で交換することを通して，学級の一員としての意識を高めていく。また，受け取った名刺を自分の座席を基準として前後・左右を考えながら並べて教室の見取図を作ることで，上方からの視点で空間をとらえることを意識できるようにし，学校や通学路の「たんけん」での空間認識へとつなげていく。

　第2次では，子どもが校舎内で興味・関心をもった「きになるところ」を見つけ，事物の観察や人々へのインタビューなどを通して分かったことを踏まえて自分との関わりを考えることにより，学校の一員としての意識を高めていく。また，関わりを通して分かったことや気付いたことを絵カードに表現する活動とともに，自教室から対象へとアクセス

するルートを示す地図を描く活動を行う。

　この時期の子どもは，空間知覚の発達段階から，自分が進む道筋に沿って空間をとらえ，蛇のように曲がりくねった形で表現する地図（ルートマップ）を描く。この手描き地図を手がかりにしながら，学校の見取図上に絵カードを貼り付けて「はっけんまっぷ」を作る活動を通して，上方から空間を把握して位置関係をとらえる力を育てる。

表1　単元モデル「がっこうだいすき」（1年生）

小単元名	主な学習活動	空間認識
第1次 はじめまして，よろしくね	・自分の名前や好きなものなどの絵を描いた名刺を作り，学級で交換会をする。 ・自分の座席を基準として受け取った名刺を並べて教室の見取図を作る。	
第2次 がっこうの「きになるところ」，たんけんだいさくせん	・全員で校舎内や校庭を歩いて，知りたい場所や話を聞いてみたい人を探す。（探検①） ・見つけた場所や人について，観察やインタビューをする。（探検②） ・分かったことや気付いたことを絵カードに描く。 ・自教室から絵カードに描いた場所や人へアクセスするルートを表す地図を描く。 ・絵カードを見せながら，たんけんして見つけたことや気付いたこと，感じたことを伝え合う。 ・手描き地図を手がかりに，拡大した学校の見取図に絵カードを貼り付け「はっけんまっぷ」を作る。	
第3次 あるこう，さがそう，つうがくろ	・学校の周辺を歩いて，安全に登下校するための施設や安全を守ってくれている人を探して写真をとる。（探検③） ・学校を中心としてランドマークが示された大きな地図上に見つけた人や施設の写真を貼り付け，「あんぜんまっぷ」を作る。	

第3次では「安全な登下校」という視点で学校周辺の「たんけん」を行うことを通して，身の回りの施設や安全を守っている人の存在に気付くとともに，ルール・マナーを守って安全に通学しようとする態度を育てる。また，床地図のような学校周辺の大きな地図を用意し，見つけた施設や出会った人を撮影した写真を貼り付けて「あんぜんまっぷ」を作る。この活動を通して，通学路を歩く日常の生活経験と地図上に示されたランドマークの両方を手がかりにしながら，上方からの視点で空間を把握する力を育てていく。

④ 空間認識形成において生活科が果たす役割

　アリの目と鳥の目の往復により，社会科での地図学習の先取りとしてではなく，生活科としてふさわしい学習内容や学び方によって，地図学習を行うための基礎となる空間の捉え方を身に付けたり，体験を踏まえながら地図と親しむ機会をもったりすることが可能になる。そのため，「まちたんけん」だけでなく，提案した単元モデルのように入学当初から機会をとらえて学習を積み重ねていきたい。
　子どもが実際に場所に身を置いて対象と関わる体験や，その場所を自分の目線からとらえて表現する経験があるからこそ，地図を活用するために不可欠な上方からの視点へと転換して空間を把握することができる。このことからも，子どもの空間認識形成において生活科学習，特に「たんけん」は重要な役割を果たしているのである。

《引用・参考文献》
(1)　吉田和義「子どもの遊び行動と知覚環境の発達プロセス」，『地理学評論』81-8，2008，pp.671-688
(2)　寺本潔「小学校低学年生活科における子どもの空間認知の形成」，『玉川大学教師教育リサーチセンター年報』第3号，2013，pp.15-23

（畿央大学　小谷　恵津子）

第7章

抽象と具体の往復で深化する気付きの変化を目指す授業

　この章は，動くおもちゃづくりの単元計画の中に，個々の気付きを意識したり整理したりするための一人一人の振り返りの場「書く活動」とその個々の気付きを広げたり関連付けたりするための交流の場「グループひみつ会議」，表現する場「おもちゃ CM タイム」を位置付けた実践を紹介しています。

　あなたは，この章のタイトルからどんな授業計画ができそうですか。

　この単元で気付いてほしいものや育成したい資質・能力はどんなものですか？

　そのために，どんな単元構想が考えられますか。大きく三段階で考えてみましょう。どこに，どんな活動を入れますか？

　本章の実践を見たとき，あなたはこの実践から何に気付きましたか。最後に振り返ってみましょう！

① 抽象と具体の往復で気付きが深化するとは

(1) 生活科の学習指導の特質

　生活科の学習過程は，自分の思いや願いをもち，「見る」「聞く」「触れる」「作る」「探す」「育てる」「遊ぶ」など対象に直接関わり働きかける学習活動と，対象と直接関わる中で感じた活動の楽しさや気付きを言葉，絵，動作，劇化によって表現する学習活動が連続的・発展的に繰り返される。その学習過程を通して，育成を目指す資質・能力として期待される児童の姿が繰り返し表れ，積み重なって確かなものとなっていく。

(2) 抽象と具体の往復

　「○○のとき，～だったので，今回も～してみたよ。」等，具体的な体験や活動から気付いたことを比較・分類・関連付けて整理し，別の場面で生かして試してみたり，「A君が教えてくれたことをもっと～すると～になったよ。」等，聞いたり調べたりしたことに自分の体験を加えて，共通点や相違点を見つけて予測し工夫したり，学習活動の質的な高まりを実現していく。

(3) 気付きの深化

　生活科における気付きは，児童の主体的な活動によって生まれ，知的な側面だけでなく，情意的な側面も含まれる。気付きの質を高めるためには，気付いたことを伝えたり，交流したり，振り返って捉え直したりして表現することが大切である。表現することにより，無自覚だった気付きが自覚されたり，一人一人の個別の気付きが関連付けられたり，対象のみならず自分自身についての気付きが生まれたりするなど，気付きの質が高まり，認識へとつながっていく。この認識に向かう過程を気付きの深化と捉えている。

② 単元マネジメント

(1) 育てたい資質や能力の整理

①知識及び技能の基礎
・おもちゃの動きの不思議や面白さに気付く。「〜したら，〜なった。」「〜しても，〜できなった。」を多く見つける。
・自分のおもちゃの動きの変容や自分と友達のおもちゃの動き方の違いや共通点から，より○○するための条件に気付く。

②思考力，判断力，表現力等の基礎
「グループひみつ会議」や「おもちゃCMタイム」など気付きを表現する場を通して，友達との共通点や違いを整理し，自分なりに「〜すればもっと〜なるだろう。」と予測して工夫しておもちゃづくりをすることができる。

③学びに向かう力，人間性等
作る⇒遊ぶ（試す）⇒作り直す⇒遊ぶ（試す）を繰り返しながら，自分の思いや願いの実現に向けて，自分なりのこだわりをもって対象に関わろうとする。

(2) 本単元授業づくりのポイント

○児童一人一人の思いや願いに沿うよう，おもちゃの種類やその動力を１つに限定しない。
○作ったおもちゃで遊ぶ場を複数回設定するとともに，同じおもちゃの種類別グループで製作活動を行うことで，自然な形での関わりや情報交換が生まれやすい環境を作る。
○活動を振り返り，絵や言葉で書く活動や「グループひみつ会議（お悩み相談タイム）」や「おもちゃCMタイム」等，表現し伝え合う活動を取り入れ，気付きを整理したり，交流したりする場を設定することで気付きの深化を目指す。

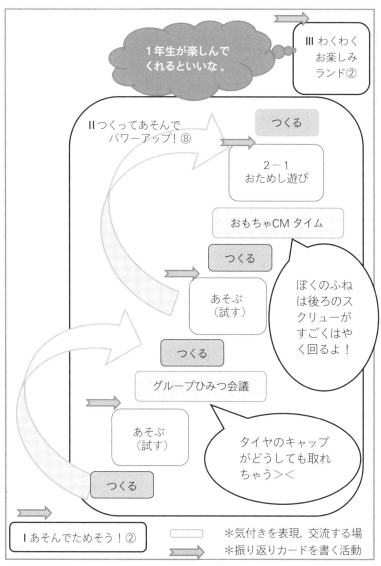

図1　単元の計画

(3) 振り返りカードの工夫

振り返りカードには,「やったね！(^^)v」と「もっと〜！p(^^)q」欄を設け,一人一人がうまくできたこと,うまくできなかったことやもっと○○したいことを意識できるようにする。グループ内での「ひみつ会議（お悩み相談タイム）」の際には,「やったね！(^^)v」が解決のヒントとなると予想される。

(4) 本時の指導案

①本時のねらい

自分たちのおもちゃの「CM」をし,作ったおもちゃの特徴や面白さを伝えたり,聞いたことを確かめたりすることができる。

②本時の展開

学習活動と内容	指導上の留意点（☆評価）
1　本時の学習のめあてをもつ。	○本時は自分のおもちゃの特徴や面白さを伝え,おもちゃに関する気づきを共有する時間であることを確認する。
みんなにおもちゃをしょうかいしよう！―CMタイム―	
2　おもちゃの特徴や気付きをCM風に発表する。 ・この車は牛乳パックからトレイに変えたので軽くなってすごくスピードが出るよ。強くあおぐとぐんぐん走る！ 3　お試しタイムをする。 ・2の活動で聞いたことを確かめながら遊んだり,「やったね！」や「もっと！」を見つけたりする。 4　お試しタイムを振り返り,ワークシートに書いたり,発表したりする。	○CM風にすることでポイントを整理して発表できるようにする。できるだけ,短い言葉でおもちゃの特徴や面白さを板書する。 ☆自分のおもちゃの特徴や面白さを伝えることができたか。 ☆お試しタイムでおすすめのポイントを確かめることができたか。 ○見つけた頑張りを認め,学級で共有することで作った方も見つけた方も共に達成感が味わえるようにする。

児童の気付きの変容（第2次に焦点を当てて）

以下の表に，A児とB児のワークシートの記述内容の一部を示す。活動が進むにつれ，量や内容が変化していることが分かる。

表1　ワークシート「もっと〜！p(^^)q」の記述

	ワークシート①	ワークシート②	ワークシート③
A児	・なぜか曲がってよく走らなかったです。まっすぐ進むように作って，速く走る車にしたいです。	・風を受けるところが大きければ速く走ると思う。でも，トレイの方に傾くので傾かないようにしたいです。	・「軽くする作戦」をしました。つけている物を外し，軽くするとまっすぐに進みました。次はCさんみたいにタイヤの数を増やしたらもっと速くなると思います。トレイの端っこをあおぐと曲がるから真ん中をあおぐようにした方がいいです。
B児	・ゴムを2本に増やしたらプロペラが回りました。水でまだやってないので，水の中でやって回るかどうか心配です。	・ゴムを3本にするとたくさん回ったけど，プロペラが大きすぎて回すのが難しかったので，ちょうどいい大きさにして40回くらい回せるようにしたい。	・ゴールまで進んで嬉しかったよ。でも，よく浮かばせるために「うきをつける作戦」でストローを船の下につけてみたけど，バランスが悪くて曲がってしまうので困ったよ。まっすぐ進むようにしたいです。わけは，ぐにゃぐにゃ曲がると近いはずが遠くなるからです。

＊下線は児童の気付きや工夫，波線は児童の願いが表れている部分

④ 「おもちゃCMタイム」
ぼく・わたしのおもちゃのここがすごい！

表2　おもちゃおすすめポイント

アピールポイント	CM
速く速く走る！	この速く走る車をおすすめします。わけは，タイヤがよく回るからです。それに，テープが少ないので，重くもありません。うちわであおぐとよく進みます。
まっすぐ進んで，沈まないよ！	ぼくの船はいっぱい飾りがついているけれど，沈まない船です。わけは，裏にストローをつけているからです。まっすぐ進みます。わけは，はねでバランスをとっているからです。きっとぼくの船は1番になると思います。勝負するのが楽しみですね。
後ろのスクリューが速く回る！	ぼくのおもちゃのここがすごい！は，後ろのスクリューが速く回ることです。わけは，後ろのスクリューをわりばしとわりばしで支えて，ぐにゃっとならないようにしたからです。
空中で回るよ！	飛び出す紙コップ！ゴムの本数を5本から9本に変えて，くるくる空中で回転するからびっくりです。紙コップで背の高いのはただ高く跳ぶだけで，回りませんよ。小さい紙コップにしたら，くるくる回りながら跳びます。おもしろいですよ。

　表2は児童が記述した「自分のおもちゃのおすすめポイント」を示したものである。一人一人が試したり，グループ内で気付きを伝え合うことで改良を重ねてきた自分のおもちゃへの自信の表れとして読み取ることができる。また，CMというスタイルは，児童にとって日々の生活の中で触れている身近なものであるため，表現のイメージをもちやすいという利点があった。CMづくりをする中で，伝えたいおすすめのポイントが整理され，そのおもちゃの特徴やよさとして，すっきりとまとめられる形となった。CMを見る側としても，ポイントが整理されていて分かりやすく，興味深い表現活動となった。

⑤ まとめ

　この実践を通して、単元のいろいろな場面で児童一人一人が心ゆくまで活動している姿を見取ることができた。自分が作ったおもちゃで遊ぶ場を、①自分→②同じグループ内→③ＣＭタイムの後のお試し遊び（クラス内）→④１年生を招待してのわくわくお楽しみランドと遊ぶ対象者を変えて複数回設定したことで、繰り返し対象に関わることができた。その中で、様々な気付きや願いが生まれ、表現し伝え合うことで、新たな気付きを生み、どんどんおもちゃが改良されていった。

　低学年の子どもたちの多くは、やりたい、創りたい、描きたいという気持ちを醸成しても、イメージ通りにはなかなかできない。実際、対象と出会った段階で行動に移れずにイライラする子どももいる。

　教師がその原因を探ることもできるが、子どもたちは他者の活動を見て様々に学んでいる。あるいは、対話を繰り返すことよってイメージは具体となることもある。子どもたちにとって、設計図はなくても失敗しながら、自分のイメージを具現化していくことになる。

　その結果、最後には「自分のやりたいことはこれだ」「自分のやりたいことはこういうこと、そうだったのか」という自分ができるようになったことへ有能感も感じられるようになる。

　イライラしていた児童も、最終段階の１年生を招待した遊びでは、相手意識を明確にして、「より速く」「よりまっすぐ」「より高く」という視点だけでなく、おもちゃに「がんばれ１年生」と文字を加えていた。他者を意識しながら、１年生が楽しめる具体的な工夫が生まれたと考える。

《引用・参考文献》
田村学編『カリキュラム・マネジメント入門』東洋館出版社，2017

（広島大学附属東雲小学校　石田　浩子）

> 実践編

第8章

地域の中で自分の存在を見つめる授業

　この章は，社会認識の基礎になるであろう地域と自分とのかかわりや将来の社会とのかかわりへつながる気付きや資質・能力の育成を考えた実践を紹介しています。
　あなたは，この章のタイトルからどんな授業計画ができそうですか。
　この単元で気付いてほしいものや育成したい資質・能力はどんなものですか？

　そのために，どんな単元構想が考えられますか。大きく三段階で考えてみましょう。どこで，どんな活動を入れますか？

①	②	③

　本章の実践を見たとき，あなたはこの実践から何に気付きましたか。最後に振り返ってみましょう！

① 地域（家族）の中で自分の存在を見つめる

　白川村の子どもたちは，家族と村の様々な場所へ出かけたり，村のことについて家族から話を聞いたりすることが多く，村のことについて詳しく話をしてくれる。そんな中で，村探検を行っても，知っていることをなぞっていくだけで，子どもの学びとしては薄いものとなってしまう。よって，子どもたちの知っていることを，そこに関わる人でつなげていくことで，自分と村との世界を広げていけるのではないかと考えた。また，人とのつながりを大切にしながら，村探検の計画をし，自分たちの力で問題を解決することができれば，子どもが自ら主体的に村のよさに気付き，自分の生活を豊かに広げていこうとすることができるのではないかと考えた。

② 単元マネジメント

(1) 単元の目標

　村探検を繰り返し行う中で，白川村の人，もの，ことと関わることを通して，村のよさや，自分のよさに気付き，村での自分の生活を豊かに広げていこうとすることができる。

(2) 育てたい資質や能力の整理

①知識及び技能の基礎
　　ア　村探検を通して村のよさに気付き，自分たちの生活は地域の人，もの，ことがつながって成り立っていることが分かる。
　　イ　村探検における問題を解決するために，人とコミュニケーションする力
②思考力，判断力，表現力等の基礎
　　ア　探検して見つけたことを，相手に分かるように工夫しながら表現

し，伝える力

③**学びに向かう力，人間性等**

ア　村の様子を調べたり，人に関わったりすることで，白川村への愛着をもち，自分の生活を広げようとする力

イ　子どもの意識の流れを大切にして，村を探検する環境を整えることで，自分たちの力で問題を解決しようとする力

③ 単元指導計画

	小単元名(時数)・ねらい	学習内容	指導の手立て・評価
知る	1　村にはどんなところがあるのかな（4） ・村を散歩することで，今まで知らなかった場所を知り，これから探検してみたい場所を見つけることができる。	○自分のお気に入りの場所を紹介し合う。 ○探検するときの注意点を考える。 ○仲間が紹介したお気に入りの場所を探検する。 ○探検した感想を交流する。	・探検した場所の感想を交流する際には，村の人や家族とのエピソードを話す姿を価値付ける。 ・村を歩くことで，さらに探検に行きたい場所を見つけている。
気付く・広げる	2　村をたんけんしよう（11） ・村には楽しい場所や，お店や公共の施設があり，そこで働いている人の仕事の内容や，思いを知ることができる。	○1回目の探検（4） ・探検したい場所を話し合う。 ・村を探検する。 ・探検して知ったことや思ったことをマップにまとめる。 ○2回目の探検（3） ・1回目の探検からさらに探検したい場所を決める。 ・村を探検する。 ○3回目の探検（3） ・1，2回目の探検からさらに探検したい場所を決める。 ・村を探検する。	・探検する時間を十分に確保することで，地域や地域の人と関わることができるようにする。 ・探検をすることで気付いた村の人とのつながりを価値付け，次の探検につながるようにする。 ○村のことや，ものに触れ，そこに関わる村の人々の思いや願いを感じ取っている。

まとめる	3 ぼく，わたしの村をしょうかいするよ（6） ・村を探検して気付いたことをまとめ，友達や家族に伝えることができる。	○村探検で気付いたことがよく分かるように，工夫してまとめる。 ・カードに見つけたことを書く。 ・マップにまとめる。 ○発表会を開く。	・探検で気付いたことだけでなく，家族や村の人とのつながりについてもカードに記入することで，村の人とのつながりも実感することができるようにする。 ○村の人，こと，ものとのつながりを実感することで，村を大切にしていこうとする気持ちをもつ。

④ ポイントとなる時間の展開案

(1) 単元名　　　だいすき！白川村
(2) 本時の目標　村散歩をしてみて，探検で気づいた場所について日頃のかかわりを交流し合い，自分が興味をもった場所を中心に，行ってみたい村探検の計画をたてることができる。
(3) 本時の展開

ねらい	学習活動	指導上の留意点
○前時までの活動を振り返る。	○次の探検ではどこに行きたいのかな。 ・消防署　・役場　・消防車の倉庫 ・○○商店　・酒屋さん　・郵便局　など 　　村たんけんのけいかくをしよう。	・活動の場が広がるように，多様な場所を発表させる。
○家の人たちからのお話をもとにして，探検する場所の情報を集める。	○お知らせタイム ・おばあちゃんに聞いたら，あの酒屋さんでお酒を買うって言ってたよ。 ・役場にはお父さんが働いている。 ・私のおじいちゃんも役場に行って話し合うよって言ってたよ。 ・前の探検で見た消防車の倉庫が，郵便局の近くにあるって聞いたよ。 ・お母さんが，郵便局で手紙だけじゃなく	・家の人と探検する場所について話してくることで，お家の人や地域の人とつながる場所を決めていく。

	て，お金を預けたりしているって言っていたよ。	
○いろいろな場所の中から，次の時間に探検したい場所と，探検する順番を決める。	○探検する場所を決めよう。 ・○○さんのおじいちゃんが話し合いをしているって，何をしているのか知りたいから，役場を探検してみたいな。 ・倉庫には消防車があったけど，消防署にある消防車と同じか見てみたいな。	・話し合いをもとに，子どもたちの探検したい場所を決める。

⑤ 授業実践例

(1) 事例1　第1時〜第4時　「村を知る活動」

> **ねらい**
> ・村を回り，村にある建物や自然を知ることで，村探検に興味をもつことができる。

ポイント　探検の中で気付いた村の人とのつながりを広げることで，これからの村探検に興味をもてるようにする。

第2時，第3時では，村にはどんな場所があるのかを知るために全員で村を歩いた。その際に，子どもたちが探検し見つけたもの，そこから，さらに村の人とのつながりで気付いたことをつぶやき始めたので，そのつぶやきを拾い，全体に広げた。消防団の車庫を見学したときには，子どもの中から

村を回り，どんなものがあるかを知る

「ここには，消防車が入っていて，夜にお父さんたちが集まっているんだよ。」「知ってる。ぼくの家の近くにも同じような車庫があるよ。」と，つぶやいていたので，「他の場所にも，こういう車庫はあるのかな。」と投げかけた。すると，「ぼくのお父さんも消防の仕事をしているから，聞いてみる。」と，これからの村探検に興味をもつことができた。

　また，道の駅を探検したときには，売店で村の特産物のお菓子を見つけた子が，「このお菓子を作っている所を知ってる。○○にあるんだよ。」とつぶやいていた。そこで，「みんなは，このお菓子を作っている所を知ってる？」と投げかけると，「学園の近くの，○○さんの家で作っているんだよ。」と答える子がいたので，次の探検の時に行くことにした。子どもたちのつぶやきの中に，人とのつながりの中で知っている場所があるので，そのつぶやきを拾い，広げることで，村の人のつながりを見つけることに興味をもち，次の村探検の意欲を高めることができた。

(2) 事例2　第5時～第15時　「村のよさへの気付きの質を高める活動」

> ねらい
> ・村を探検して見つけたことを人とつなげて考えることで，気付きの質を高めることができる。

ポイント　「お知らせタイム」で，家族から聞いてきたことを交流することで，ものと人とのつながりを感じ，村のよさへの気付きの質を高めることができるようにする。

　第4時では，村を歩いてみて，これから探検したい場所を話し合った。そして，探検したい場所について知っていることを家族に聞いてくることを宿題にした。そこで，第5時では家族に聞いてきたことを交流する「お知らせタイム」を設定した。「家族の人から聞いてきた特別なことを教えてください。」と投げかけると，「○○君の，お父さんが役場で働いているって言っていたけど，私のおじいちゃんも，役場へ話し合

いをしに行くって言っていたよ。」
「おばあちゃんが、○○屋さん
（酒屋）で、お酒をよく買うって
言っていたよ。」「お父さんが、消
防団の車庫にも消防車があるけ
ど、消防署にはもっと大きな消防
車があって、消防車だけじゃなく
て、救急車もあるって言ってい
た。」と、子どもたちからは、家

お知らせタイムでの話し合いの様子

族から聞いてきたことを意欲的に話す姿が見られた。「村を知る活動」
で、子どもたちの人とのつながりのつぶやきを拾い、そのことのよさを
価値付けてきたことで、子どもたちも、家で探検する場所についての情
報を進んで集め、意欲的に話し、探検への関心を高めることができた。
さらに、交流することで、探検する場所でどんなことをしたいのか、ど
んなことを聞きたいのか、子どもたちの中で明確になった。また、子ど

もたちの知りたいことを具体的に
把握することができたため、事前
に探検する所に、活動の目的や教
えてもらいたいことを伝え、協力
を依頼することができた。「お知
らせタイム」で交流した後に、探
検する場所や、探検する順番、ど
のように質問をするとよいかを話
し合い、探検の計画をした。

保護者に役場の中を案内してもらう

　役場の探検に行くと、役場で働
いている保護者が、役場の中を案
内してくださった。そうすると、
「役場では、いろんな仕事をして
いるんだ。」「ぼくのお父さんは、
役場で働いているけど、一緒に働
いているA君のお父さんとは、お

議事室の見学の様子

第8章　地域の中で自分の存在を見つめる授業

金のことと森のことで，している仕事がちがうんだ。」と，役場での仕事の違いに気付くことができた。さらに，役場の中にある議会を開く，議事室も案内してもらったときには，「ここが，村のことを話し合う場所だよ。Bさんのおじいちゃんはここに座っているよ。」と教えてもらうと，「Bさんが，おじいちゃんが話し合いに行くって言ってたけど，村のことを話し合っていたんだね。」「こんなところに座るなんて，すごい！」と，Bさんの「お知らせタイム」での話を振り返っていた。

また，酒屋さんを探検したときには，店員さんから「このお店では，ここにお酒を買いに来てもらうこともあるけど，ごはんを食べるお店にケースでたくさんのお酒を売っています。」と教えてもらうと，「そうか。C君の家はごはんを食べるお店をしてるから，C君のおばあちゃんはここの酒屋さんにお酒を届けてもらっていたんだ。」と，C君のおばあちゃんを通して，酒屋さんの仕事，C君のおばあちゃんの仕事，そして，お店とお店のつながりに気付くことができた。

このように，「お知らせタイム」での話し合いをもとにして，ものと人とのつながりを実感し，気付きの質を高めることができた。

(3) 事例2 第16時〜第21時 「村のよさへの気付きを実感するための活動」

> ねらい
> ・村の人，こと，ものとのつながりをマップにまとめることで，村のよさへの気付きを実感することで，村を大切にしていこうとする気持ちをもつことができる。

ポイント　グループマップを活用することで，自分の気付きを可視化する。

村を探検した後には，探検して見付けたことをカードに絵と言葉で書き，白地図に貼っていった。そうすることで，前回の探検した場所から，次の探検ではどこに行きたいのかを自分で考えることができるようになり，探検と探検とのつながりをもつことができるようになった。

毎回，マップに気付いたことをグループの仲間と一緒に書き込んでいくことで，「どんどん地図が広がって大きくなっていくよ。」「たくさん見つけたことがあって，地図に入りきらない。」など，自分たちが探検したことで地図の広がりや，1つの場所での気付きの深まりを自分でも実感する

探検で見つけたことをグループマップに書き込む

ことができるようになった。また，仲間と話し合いながら，マップを作っていくことで，「次は，ここに行きたいね。」「あの探検の後，おばあちゃんと話したら，隣の富山県のお店でもお酒を買うことがあるって教えてくれたよ。」「富山県ってどこ？」と，協働して学びを深めていく姿があった。

《引用・参考文献》
(1) 野田敦敬・安彦忠彦『小学校学習指導要領の解説と展開　生活編』教育出版，2008，p.118，119
(2) 文部科学省『小学校学習指導要領解説　生活科』

(白川村立白川郷学園　藤井　祐矢)

実践編

第9章

小さな主権者の育成を目指す授業実践

　この章は，将来の民主主義を担う主体的な市民の育成につながる気付きや資質・能力の育成を考えた実践を紹介しています。

　あなたは，この章のタイトルからどんな授業計画ができそうですか。

　この単元で気付いてほしいものや育成したい資質・能力はどんなものですか？

　そのために，どんな単元構想が考えられますか。大きく三段階で考えてみましょう。どこに，どんな活動を入れますか？

①	②	③

　本章の実践を見たとき，あなたはこの実践から何に気付きましたか。最後に振り返ってみましょう！

① 小さな主権者の育成とは

(1) 主権者教育とは

　公職選挙法が改正され，選挙権年齢が20歳から18歳に引き下げられた。それを契機に，主権者教育の必要性が語られることが多くなっている。文部科学省と総務省が連携をして，副読本「私たちが拓く日本の未来　有権者として求められる力を身に付けるために」が作成され，全国の高校生に配布がされた。総務省では，今までも「社会に参加し，自ら考え，自ら判断する主権者を育てることを目指して，若者の政治意識の向上や将来の有権者である子どもたちの意識の醸成等に取り組んできた」[1]としている。民主主義を尊重し，推進しようとする国民を育成することが主権者教育であろうが，選挙権年齢の引き下げのタイミングに合わせて作成された副読本であるためか，その内容は，政治参加の意識向上に重点が置かれている。具体的には，政策論争，地域課題の見つけ方，模擬選挙，模擬議会等々が盛り込まれている。

　たしかに，近年の投票率の低下は問題である。特に若い世代の投票率が他の世代の投票率に比べて低いことが危惧されている。

　しかし，主体的な民主主義の担い手を育成するための主権者教育は政治参加の意識向上だけではないだろう。もちろん，選挙権年齢を目前に控えた高校生となってから開始するべき教育でもない。民主主義を実現するための重要な仕組みである選挙への参加意識を育成することは主権者教育の大事な一部分ではあるもののすべてではない。

　政治への参加意識の育成以外にどのような教育が主権者教育に含まれるのか。紹介してみよう。そもそも民主主義とは何なのか。一人一人異なった価値観をもつすべての人が「公平」に尊重されるべきであること，「私」として個人が尊重されるべきではあるものの，「自由」が保証される範囲と「公」の範囲の境界が必要であること，「公」の範囲では様々な価値観の調整が必要であること，等が挙げられる。これらの民主主義に関する基礎的な認識をもととして，よりよい民主主義を実現する

ための仕組みの一つが政治であること。そして望ましい政治のために選挙の仕組みがあり，参加意識の向上が求められている。

では，小学生にも可能な，生活科でも可能な主権者教育とはどのようなものだろう。

(2) 生活科の中で可能な主権者教育

生活科は，子どもの生活上の自立を目指している。「生活上の自立とは，生活上必要な習慣や技能を身に付けて，身近な人々，社会及び自然と適切に関わることができるようになり，自らよりよい生活を創り出していくことができるということである。」[2]このような教科目標の趣旨を持つ生活科の中で可能な主権者教育とは，身近な社会の中での必要な習慣や技能であるきまりやルールを身に付けて，身近な人々と適切に関わることはできるようになり，よりよい生活を創り出すことができる能力を育成することではないだろうか。きまりについて学習指導要領解説には特に，集団や社会の一員として安全で適切な行動をしたりするための5つの条件の中の一つとして「エ　健康や安全に気を付けたり，きまりなど日常生活に必要なことを大切にしたりして行動することができる」[3]を取り上げている。

きまりやルールに関して，具体的に生活科のどの学習内容で扱うことができるだろうか。内容（1）の学校と生活，もしくは内容（4）公共物や公共施設の利用，が考えられる。生活科の教科目標や学習内容は1・2年生の2学年共通のものとして学習指導要領では示されている。実際の学校現場では，内容（1）の学校と生活に関しては入学直後の1年生に対して「がっこうたんけん」や「わくわく　どきどき　しょうがっこう」などの単元名で行われている。内容（4）の公共物や公共施設の利用に関しては2年生に対して「まちたんけん」や「のりもので　でかけよう」などの単元名で行われている。きまりやルールに関して，1・2年生のいずれの学年でも取り上げることは可能であろうが，今回は1年生を対象に学校生活に関わる活動の単元の中で行った実践を紹介する。

きまりやルールに関する教育は，主権者教育の中でも「法関連教育」と呼ばれている。「法関連教育」といっても，法を遵守させるための教

育でもなければ，法に関する専門家を育てるための教育でもない。法に関する知識について自信があるとはいえない小学校教師に法関連教育が可能なのか，という心配もあるかもしれない。が，新学習指導要領の目指す社会に開かれた学校教育として，法の専門家に教材研究やゲストティチャーとしての参加等の協力を得ることも可能である。

② きまりについて生活科のなかでどのように取り組むか

　主権者教育として，将来的に「法」に主体的に関わっていく力を発達段階に応じて段階的に育てる「法関連教育」を展開したい。小学校１年生であっても子どもの実態に応じた「法関連教育」は可能である。
　しかし，実際の学校現場においては「法関連教育」に関して理解が十分ではなく，「法」を遵守する子どもを育てることが「法教育」であると考えられていることがある。遵守させることは大事であるが，法をなぜ守らなければならないのか，知識として身に付けることも必要である。道徳的に法規範について心情的に学ばせることと，知識として理解させることとの峻別は困難であり，一般的には混同されがちである。
　道徳できまりを扱えば，守ることが前提の授業になる。守ることができない状況についてジレンマを発生させて授業が設定される。なぜ守れないかの根拠はひたすら当事者の心の問題として扱われる。道徳副読本に掲載されている教材の中には，自分勝手に振る舞ってまわりに迷惑をかけた登場人物が最後に痛い目に遭うという結果から，やっぱりきまりを守らなければ自業自得なんだ，という心情的な結論に導く教材も存在する。
　学級会できまりを扱う場合，自分たちで学級のきまりをつくろうという授業や，場合によっては守らない人がいる現状をどうしたらよいのか，という学級の実態への対応という授業になるだろう。
　きまりを知識として理解させる，とはどういうことなのか。なぜき

りやルールが必要なのか，子どもに根拠を説明できるようにさせる。きまりやルールにも根拠を伴う軽重があり，守れない人がいた場合の対処方法もその軽重によって異なることが分かる。これらのことを生活科では，教科の特質である，活動や体験を通して理解させることができるだろう。

　学校に入学したての1年生はとても正義感が強い。きまりに関してもまずは守らなければ，とまじめに思い込んでいる。しかし，根拠を判断せずに，決まっていることだからとか，誰かに言われたから守らなければならない，という受動的な状態から，きまりに主体的に関われるようになる第一歩の授業が生活科では可能である。

③ ゲストティーチャーをどのように活用するか

　「法関連教育」の実践にはいろいろなパターンがあるが，ゲストティーチャーとの関わりからは，法曹専門家主導型，教師主導型の2つに大別することができる。

　これから紹介する実践授業はどちらかというと教師主導型であった。ゲストティーチャーの金沢弁護士会鹿島啓一弁護士には，打ち合わせの段階から十分に協議をすることができ，授業の趣旨を十分くんでいただくことができた。低学年の授業である以上，ゲストティーチャーの話が十分に伝わらないこともある。授業の趣旨を理解していただいたこともあり，今回は教師と共に「犬さん」役での寸劇というパターンで，脚本づくりから小道具づくりまで，献身的に授業に関わっていただくことができた。「法関連教育」に慣れていない場合には，法曹専門家主体の授業から挑戦するのもよいだろう。地域の法の専門家の組織に「法関連教育」に協力していただけるところはあるのではないだろうか。いずれにしても，ゲストティーチャーに授業の中で活躍していただくためには，十分な打ち合わせと合意が必要である。

④ 単元マネジメント

　「がっこう　たんけん」の単元は入学直後に実施される。今回提案する「がっこう　だいすき」は学校生活に慣れてきた2学期に実施する提案である。なお、提案単元は、橋本康弘・白木一郎の開発した授業例[4]をもとに、改良に改良を加えたものである。学校生活の中で困っていることを取り上げて、もっと楽しくするための「きまり」について、子どもたちに考えさせ、望ましい行動につなげることができるように改良をした。

(1)　育てたい資質や能力の整理

①知識及び技能の基礎
　学校生活の中で関わる様々な人や施設に関連して、安全で気持ちよく生活が送れるようにたくさんの「きまり」があることがわかる。

②思考力，判断力，表現力等の基礎
　なぜ「きまり」があるのか、根拠について考え、「きまり」の軽重について根拠に基づいて判断することができる。

③学びに向かう力，人間性等
　安全で気持ちのよい学校生活のために、「きまり」を守らない人にできる範囲で対応しようとする。

(2)　単元の計画

①入学直後に実施する「がっこう　たんけん」（全7時間）
　この単元では、入学直後の1年生が、小学校は楽しそうだな、という期待をもてるようにする。グループごとに学校の中を探検して楽しそうだと感じた場所や人を交流し、再度探検する。この活動が2学期の「がっこう　だいすき」につながるようにする。

```
第1次   どんなきょうしつがあるのかな?
        どんなひとがいるのかな?①  (3時間)
第2次   みつけたよ　こんなひみつ！  (1時間)
第3次   どんなきょうしつがあるのかな?
        どんなひとがいるのかな?②  (2時間)
第4次   どんなことが　たのしみかな  (1時間)
```

・第1次ではグループごとに探検すること、持ち物やマナー、見てきたことをイラストで表現することを指導

・第2次では見つけてきたことを交流

・第3次では交流をもとに、再度探検

・第4次では探検して見つけたことから学校生活への期待をまとめる

② 2学期に実施する「がっこう　だいすき」（全7時間）

2学期ともなれば、1年生も小学校生活に慣れてきて、楽しいだけではなくなってくる。そこで、学校生活の中で困っていることと「きまりやルール」を関連させて考えさせる活動を中心のこの単元を設定する。

```
第1次   どんなことがたのしみだったかな?  (1時間)
第2次   みつけたよ　こんなたのしみ！  (1時間)
第3次   こまったことはないかな？  (3時間)
第4次   どんなことが　たのしみかな  (1時間)
```

・第1次では「がっこう　たんけん」の後に楽しみだったことを思い出させる

・第2次では元々楽しみだったかどうかにはとらわれずに発表して交流

・第3次では困ったことを発表、どうしたらよいのか、これからどうしたらよいのか「きまりやルール」を関連させて考えさせる（第3次第2時の本時案を次項で提案）

・第4次では新たな楽しみへの期待をまとめる

(3) 本時の指導案（第3次第2時）

題材名	きまりを守っていない人について考えよう
ねらい	身近なきまりの軽重について、根拠をもって判断し、なぜきまりを守らなければならないのかを理解することができる。
導入	1　前時に出された困った経験を話し合う。 　①　きまりを守らない人がいるから困ったことになるんですね。 　②　全部先生に言いつけに行く犬さんがいるんだけど、これでいいかな。先生がだめっていうからきまりを守るの？

第9章　小さな主権者の育成を目指す授業実践

学習活動	展開	2　学校の中で困った人がいるときにどうしたらいいのか考えよう。 　① 3人はどんな「きまり」を守っていないんだろう 　　・好き嫌いで給食を残す女の子－「食べ物を残さない」 　　・廊下を走るネズミさん－「廊下を走らない」 　　・友達にキックやパンチする猫さん－「暴力をふるわない」 　② 3人の中で悪い順のランキングをしよう 　　・人を傷つけるのが一番ダメ 　③ ランキングの理由と悪い順は 　　・一番悪いのは猫－友達を傷つける可能性が高い 　　・二番目はネズミ－人にケガをさせる可能性がある 　　・三番目は女の子－自分が困るだけで人は傷つけない
		3　猫，ネズミ，女の子の3パターンに，人に迷惑をかける度合いで判断して分けて，犬さんにアドバイスしてみよう。 　・とても危険－すぐ先生に言う。 　・危険な可能性があるか迷惑をかけている－自分で注意して守らなければ先生に言う。 　・危険でも迷惑でもない－先生に言わなくてもいい。
	終末	4　教師の説話を聞く。 　① 自分の行動を，教師に叱られるかで判断するのでなく，人に迷惑をかけないかで判断して行動してほしい。迷惑をかけないからといって自分を大事にしないことはしてほしくない。 　② ゲストティーチャーからも実際の法について説明。

⑤ 授業実践後の子どもたちの学びの姿

　今まで考えたこともなかったきまりの軽重について子どもたちはよく考え，なぜ軽重があるのか，その理由に気付かせることができた。

　なぜきまりを守らなければならないのか考えさせることが，自律的にきまりについて守ったり，自主的にきまりに関わっていけたりする子どもを育てる第一歩となる手応えを感じた。何でも先生に言いつける犬さんを設定し，授業の中で「本当に先生がだめって言うからきまりをまもらなければならないのでしょうか？」と問うたときに子どもたちから，声にならない「えっ」というとまどいの反応が出た。この授業をして一番良かったと思えた瞬間であった。以下は子どもたちが書いた犬さんへ

のお手紙の一部である。

○べんごしのいぬさんへ

　なんできまりはあるか，きょうしりました。みんなのいのちをまもるためです。ぼうりょくじゃないときはせんせいにいったらだめだよ。ぼうりょくのときはせんせいにいっていいんだよ。また，きてください。また，きまりしりたいです。

○いぬさんへ（べんごしさんへ）

　いぬさん，なんでもいいつけなくてもいいよ。だれかがだめなことをしていたら，だめだよとかいってね。ぼうりょくをしている人がいたらせんせいにいってね。あと，いろいろなほうりつをおしえてくれてありがとうございました。

《引用・参考文献》
(1) 総務省・文部科学省『私たちが拓く日本の未来　有権者として求められる力を身に付けるために　活用のための指導資料』p.3
(2) 文部科学省『小学校学習指導要領解説　生活編』2017，p.11
(3) 2と同書，pp.19-20
(4) 橋本康弘・白木一郎「小学校低学年における法的アプローチを基盤にした授業開発―"ルール学習"の改善のために―」日本社会科教育学会編『社会科授業力の開発　小学校編』明治図書，2008，pp.9-23

　　　　　　　　　　　　　　　　　　（名古屋学院大学　菊池　八穂子）

実践編

第10章

問題の発見は活動を繰り返すことから生まれるといった授業

　この章は、年間の活動計画や単元計画の中に、繰り返し行われる活動を意識したり整理したりすることで、一人一人の問題の解決が、発見や気付き、友達との交流によって関連付けられたり深化するという意識に基づいて実践を紹介しています。
　今のあなたなら、この章のタイトルからどんな授業計画ができそうですか。この単元で気付いてほしいものや育成したい資質・能力はどんなものですか？

　そのために、どんな単元構想が考えられますか。大きく三段階で考えてみましょう。低学年に、どんな活動を入れますか？

①	②	③

　本章の実践を見たとき、あなたはこの実践から何に気付きましたか。最後に振り返ってみましょう！

① 生活科における課題解決・追究学習とは？

　生活科の学習では，児童は対象（身近な人々，社会及び自然）に主体的に関わる中で，その子なりに思いや願いをもち，その対象とのかかわりを深めていく。その際，個人及び仲間との活動や交流を繰り返しながら，自分なりの気付きをもっていくことになる。こうした繰り返しの中で，思いや願いが強まったり，変化したりすることで気付きは深まり，日常生活や他教科へも広がりを見せていく，新たな課題が生まれる。そこでまた新たな願いをもち…というように，生活科をコアに低学年の児童は，学習の土台を築いていく。

　生活科における課題解決・追究学習とは，デューイの頃から，大切にされてきた学び方である。こうした学びによって資質（コンピテンシーの育成）を習得するには，児童自身が課題解決を行っていく見通しをもつことも大事であるが，指導者が事前に学習者の思考のルートを複数用

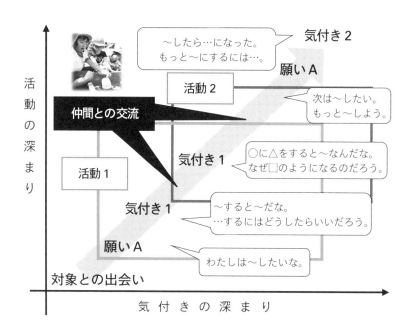

意し，どの場面で身に付けられるか，どのような課題解決・追究学習を行うとよいのか意識しておくことが重要となる。これについて，次の項で述べたいと思う。

② 深い学びを生み出すための活動の繰り返し

　主体的・対話的で深い学びを生み出し，生活科の学力を適切に身に付けることを目指した課題解決・追究学習で大切にしたいポイントとなるのが，「活動の繰り返し」である。

　生活科における「活動の繰り返し」のよさは大きく分けて三つある。

　一つめは，一度で身に付きにくいこと（資質・能力）が，繰り返すことによって習熟され身に付いたり，学ぶことへのスキルや自信がもてるようになったりする。これは，生活上必要な習慣や技能を身に付けたり，自分自身や自分の生活について考え，表現することにもつながる。

　二つめは，経験をもとにし，対象に主体的に繰り返し関わること（学びに向かう力）で，より自分と対象との関わりを深められるようになる。このことは，対象へ自ら働きかけることにつながる。

　そして三つめは，繰り返すことで対象との関わりの積み重ねができるとともに，以前の自分と比べ，自分自身の成長に気付くことができるようになることである。これは，意欲や自信をもって学んだり，生活を豊かにしたりしようという態度の育成につながる。

　では，どのように「活動の繰り返し」を大切にした課題解決型学習を行えばよいだろうか。

　それは，年間指導の場，1単元の場，1単位時間と大きく分けて3つの事前の授業の流れに整理をし，教師自身が児童を意識的に見取る場を考えておくことである。

　これらを踏まえて，第2学年「春だ！今日から2年生」の実践をもとに「活動の繰り返し」がどのように生活科における主体的・対話的で深い学びにつながっていくのかを考えてみよう。

③ 単元マネジメント
第2学年「春だ！今日から2年生」をもとに

(1) 育てたい資質や能力の整理

①知識及び技能の基礎

1年生に学校を案内する活動を通して，学校での生活は様々な人や施設と関わっていることが分かる。

②思考力，判断力，表現力等の基礎

学校の施設の利用の仕方やそこで働く人々や友達との関わり方，マナーについて考え，願いを達成するために探検の仕方を工夫して探検することを通して，学校の施設の様子や，学校生活を支えている人々や友達などについて考えている。

③学びに向かう力，人間性等

1年生に学校を案内する活動を通して，学校での生活は様々な人や施設と関わっていることが分かり，楽しく安心して遊びや生活をしようとしている。

(2) 児童の追究意識を継続していくために

単元指導計画にも示すように，1単元の中での繰り返しの活動と，その都度生み出される課題を予想し，明確にすることで，より主体的な学びができるようになる。そのためには，まずは2年間の生活科の計画の上で，どのような意識を継続できるか整理することである。

①年間の計画　★1・2年生交流，☆保育園児交流，○家族・地域の方交流

第1学年（全102時間）		第2学年（全105時間）
単　　元	月	単　　元
1　しょうがっこう　すたあと！（4）	4月	1　春だ！　今日から2年生（12）
★○みんなでつうがくろをあるこう	5月	★みんなでつうがくろをあるこう
2　がっこう　だいすき（10）		★「学校たんけん」をしよう
★「学校たんけん」をしよう	6月	★「もっと学校たんけん」をしよう
★「もっと学校たんけん」をしよう	7月	2-1　大きくなあれ　わたしの野さい（6）（年間15時間）
3-1　きれいに　さいてね（12）（年間12時間）		★夏のしゅうかくパーティーをしよう
		3　生きものなかよし大作せん（6）
4　なつだ　あそぼう（10）		★「生きものランド」をひらこう
★「生きものランド」にいこう	9月	4　足近大すき！町たんけん（16）
5　いきものと　なかよし（5）		○町たんけんに行こう
★「おもちゃランド」にいこう	10月	5　うごくうごく　わたしのおもちゃ（14）
6　たのしい　あき　いっぱい（12)	11月	
7　あきのおもちゃ大しゅうごう（12)		★「おもちゃランド」をひらこう
☆「あきのおもちゃランド」をひらこう	12月	6　もっと足近大すき！町たんけん（10）
		○町の人となかよくなろう
8　じぶんで　できるよ（12）	1月	7　みんなでつかおう　町のもの（8）
○「じぶんでできるもん大さくせん」をしよう		2-2　大きくなあれ　わたしの秋野さい（5）
○「おうちの人にこにこ大さくせん」をしよう		2-3　大きくなあれ　わたしの冬野さい（4）
9　ふゆを　たのしもう（9）	2月	8　あしたへ　ジャンプ（18)
○「むかしあそびのかい」をしよう（地域のお年寄り）		○ぐんぐんアルバムをつくろう
10　もうすぐ　2ねんせい（15）	3月	9　つたわる　広がる　わたしの生活（6）
○「ぐんぐんはっぴょうかい」をしよう		○★「ぐんぐんはっぴょう会パート2」をしよう
★「ぐんぐんはっぴょう会パート2」に行こう		

　矢印で結んであるところが，内容項目に関わった活動の繰り返しを示している。学習指導要領の配慮事項に留意しながら2年間で9項目を配置し，意図的に2学年間における活動の繰り返しをもたせ学びの積み重

ねから新たな課題を生み出し，願いをもって学習することができる。

②単元の整理

　年間計画上で整理されたならば，下の表に示したように，学習する単元内で，活動を繰り返し追求すべきねらいを明確にしたい。また，異学年の交流をするような場合には，それぞれの学年の子どもたちにとって，活動が有機的に行われるようにしておく必要がある。

ねらいの整理

第1学年		第2学年	
繰り返す活動	ねらい	繰り返す活動	ねらい
①教師と学校を歩く。	学校にあるものやそこで働く人に興味をもつ。		
②2年生に案内してもらい探検する。	自分たちでつくった約束を守り，教師との探検で自分が興味をもったものを中心に2年生と仲良く探検する。	①一年間の成長を実感する。	1年生の時のことを思い出しながら自分たちでつくった約束を守り，仲良く案内する。
③2年生と課題をクリアしながら探検する。	進んで約束を守り，自分の興味のあるものや場所・人以外にも興味をもち2年生と仲良く探検する。	①1年生を案内する	1回目の探検の課題を意識してよりよくなるよう工夫して案内する。
④自分たちで計画し探検する。	自分で決めた探検場所で進んで人やものと関わろうとする。		

単元計画の作成へ

めあて	児童の意識	習慣・技能
1　1年生と学校探検をする計画を立てよう。	去年学校探検で案内してもらったように自分も頑張りたいな。	□友達と話し合う □伝え合う

	めあて	児童の意識	習慣・技能
	2, 3 仲良く，約束を守れる探検にするために準備しよう。	学校の約束などを説明できるようにしたいな。仲良くなりたいな。	□時間を守る □後片付けをする
	4, 5 仲良く・約束を守って，1年生を案内しよう。	練習を生かして，約束を守って仲良くなれる探検にしたいな。	□よく見る □友達と協力する □下級生に優しくする
	6 学校探検のふり返りをしよう。	探検をしたけど一年生につたえられなかったかも。	□記録する □伝え合う
	7, 8 もっと素敵な探検にするために準備しよう。	もっと学校のことを詳しく知って仲良くなるために工夫しよう。	□時間を守る □後片付けをする
	9, 10 もっと素敵な学校探検パート2をしよう。	工夫して案内すれば，きっともっと仲良く楽しい探検になるよ。	□よく見る □友達と協力する □下級生に優しく接する
	11 学校探検パート2を振り返ろう。	工夫して頑張ったから1回目よりもいい探検にできたよ。	□記録する

「1年生と仲良く，学校のよさが伝わるような探検にしたい」という願いをもち，探検の準備や練習をすることを通して，上級生として学校のことをよく分かるようになってきた自分自身に気付く。

1年生がより学校について知ったり，学校で働く人や友達と仲良く過ごしたりするためには，もっと工夫した探検にした方がよいことに気付く。

さらに工夫した探検にしたことで，1年生によりよく学校を案内でき，上級生として優しく接したり，学校についてかかわりを深めたりすることができるようになった自分自身に気付く。

習得したい気付き 1年生の時の学校への思いと楽しく過ごせるような学校を思考し，1年生と実際に学校探検をすることで，一年間の成長と上級生としての役割を実感し，学校の機能やそこで暮らす者として共同体の役割に気付く。

(3) 1単位時間での繰り返しの活動

第10時の学校たんけんでは，子どもの声かけの変化が見られた。

第10章 問題の発見は活動を繰り返すことから生まれるといった授業

2年生：校長室に入るときのお手本を見せるね。
失礼します。2年生の□□です。

1年生：失礼します。1年生の○○です。

2年生：上手に言えたね。

2年生：クイズです！職員室に入るときはどうするといいかな。

1年生：失礼します。1年生の△△です。

2年生：すごいね！自分からあいさつできるようになったね。

　校長室と職員室の入室の約束に類似があった。2回目に入室する職員室ではクイズにしてみることで，1年生が自分でかかわり方を考えて探検ができるよう工夫している。とっさのことではあるが，2年生の児童なりに，1年生へ学習したことを繰り返し転用できるようにしている。

④ 問題は繰り返すからこそ見えてくる

　先の実践では，学校探検を繰り返すことで，2年生にとっても単なる学校案内ではなく，繰り返す学習の意味を感じている。実際の活動も，1年生への情意面も，どうすればよいだろうと考える姿は増えてくる。教師も，計画の段階で，この場面が出ることは想定内である。その結果，探検中も問題を解決し，学校探検の質を高めていれば，丁寧に見取り，学級全体の中で褒めていくことも大切である。また，きちんと答えることができた1年生のことは，1年生担任とも情報を共有し，1年生自身がもっと探検をしたいという意識になるようにしたい。
　活動を意図的に位置付け繰り返し探究していくことは，気付きを質的に高めることにつながるのである。

(羽島市立足近小学校　石田　奈々)

実践編

第11章

大切なことは生活科の遊びから学んだといえる授業
―「うごくおもちゃを作っていっしょにあそぼう」(2年)―

　この章は、第2学年でのおもちゃづくりの活動を通して因果関係に着目する見方・考え方を育む実践を紹介しています。

　あなたは、おもちゃづくりの活動にどんな意義があると考えますか？また、因果関係に着目する見方・考え方を育むことによってどのような効果が期待できると考えますか？

　おもちゃづくりの活動において因果関係に着目する見方・考え方を育むために、どのような手立てを講じますか？

①単元構成	②つくるおもちゃ	③子ども同士のかかわり

　本章の実践を見たとき、あなたはこの実践から何に気付きましたか。最後に振り返ってみましょう！

① おもちゃづくりの意義と課題

　おもちゃづくりにはどのような意義があるだろうか。それは思いついたことを試し，その結果をすぐに知ることができ，何度も試すことができることだと考える。言い換えれば，おもちゃを作る中で目的や問題を見いだし，それらの実現や解決に向けて取り組むことができるということである。その過程で，問題解決の能力が養われるとともに自然の不思議さに気付くことができる。

　では，おもちゃを作りさえすればよいのだろうか。実践の中には，「遊んでいるだけではないか」「何を育んでいるのか分からない」「図工と何が違うのか」といった批判を受けるものも見られた。また，いわゆる面白科学実験のような授業では，素材そのものの興味深さはあるが，子どもが主体的に活動を行っているかという点では，改善すべきところがある。子どもたちに何を育むのかを明確にし，子どもたちの具体的な姿を想定して授業を構想することが必要である。

② 因果関係に着目することの意義

　子どもたちが思いや願いの実現に向けて試行錯誤することが大切である。試行錯誤とはいっても，ただやみくもに何でも試せばよいというわけではない。かといってすべての活動ではじめから予想を立てて試す活動を求めているわけでもない。低学年の時期に求める試行錯誤する姿を次のように捉えている。

- 自らの働きかけとその結果を比べたり，偶然の結果に着目したりする。
- 試したことがうまくいかないということは，どのような時にうまくいかないかという発見であり，新しいことを知ることや新たな問題の発見であると前向きにとらえる。

子どもが働きかけとそれに対する結果に着目することは因果関係に着目することに他ならない。因果関係に着目する見方・考え方を行うことができるならば，自ら働きかけたこととそれに対する結果だけでなく，偶然の働きかけとその結果や他者が行った働きかけとその結果からも新たな気付きを得ることができる。これらの体験・思考を繰り返す中で知的な探求そのものが楽しいと感じられ学びを深められると考える。

③ 単元マネジメント

(1) 育てたい資質や能力の整理

①知識及び技能の基礎
　輪ゴム，風・空気，磁石などを使った遊びを行うことを通して，それらの素材・現象の不思議さに気付いたり，おもちゃや遊びをつくり出せた自分や友達のすばらしさに気付いたりする。

②思考力，判断力，表現力等の基礎
　働きかけとその結果や偶然の結果とその原因に着目し，何をどうすればどうなるかという見方・考え方を行い，見出したことを再現したり，遊び・おもちゃ作りに生かしたりする。

③学びに向かう力，人間性等
　身近にある物を利用して，様々なことを試して発見することを楽しみ，友達とともに遊びを楽しんだりより楽しく遊ぼうと工夫したりする。
　うまくいかないことは失敗ではなく，発見であると捉える。

(2) 単元計画

```
関連単元「コロくんを作ってあそぼう」（4ｈ）（俵ころがし）【学級共通のおもちゃ】
※外見が同じで動きが異なる俵ころがしのおもちゃを作って遊ぶことを通して，因果関係に着目する。
```

↓

```
「うごくおもちゃを作って いっしょにあそぼう」（16ｈ）【各自が選択したおもちゃ】
```
※ 前単元で見出した因果関係に着目する見方・考え方を使っておもちゃを作って遊ぶ。

第1次 どうすれば 動かせるか（4ｈ）
（参考作品や経験をもとにおもちゃ作り・遊び）

○動かす仕組みは隠しておもちゃが動く（玉がとぶ，車が動く等）様子を提示することで，おもちゃ作りへの興味を抱かせる。

○紹介したおもちゃの材料を掲示したり，一部のおもちゃで遊べるようにしたりすることで，動力源への関心や製作の見通しを抱けるようにする。

第2次 グループごとに作ったり遊んだりしよう（6ｈ）
（動力別のグループ，各自のおもちゃ作り・遊び）

○おもちゃの種類・動力別のグループをつくり，作ったり遊んだりする際にもグループ内での交流が促されるようにする。
車【空気】，車【磁石】，人形・ロボット【磁石】
とばす【シーソー】，とばす【ゴム】，
とばす【空気】
（おもちゃは各自が作る。）

○困っていることを中心に学級やグループ内で交流し，働きかけとその結果に着目することで各自の問題解決に生かせるようにする。

第3次 2の1 おもちゃランドであそぼう（3ｈ）
（お互いのおもちゃで遊ぶ，方法の紹介）

○他のグループのおもちゃで遊ぶことを通して様々な素材や仕組みに触れることができるようにする。

○他のグループの遊び方に触れることで自分たちのグループの場の設定やルールの改善点を見いだすことができるようにする。

○ルールや場の設定の改善は，おもちゃそのものの改善を誘発することにつながる。

第4次 1年生をしょうたいしよう（3ｈ）
（おもちゃやルールの改良）

○第3次で見出したことや考えたことを実行できる場を設定する。

⑶ 因果関係に着目する見方・考え方を育む手立て

①共通のおもちゃ作りの単元で子ども自らが因果関係に着目できるように導き，各自が選択したおもちゃ作りの単元で活用できるように単元間の関連を図る。

前単元の「コロくんを作ってあそぼう」では，全員が俵ころがしのおもちゃを作って遊んだ。この単元では，試行錯誤する事柄を焦点化し，子ども自らが因果関係に着目できるように導いた。型紙は印刷したものを準備し，中に入れる玉の種類（木の玉，ビー玉，鉛玉を配布）と数によって動き方が変わってくることを子どもたちは見出した。そして，因果関係に着目した子どもの発言を称賛・意味付け，話型を紹介・掲示した。本単元でも掲示や振り返りカードに記載することで意識化を図るようにした。

因果関係への着目を促す話型
「○○○を△△△すると□□□なりました。」
「○○○を△△△すると□□□なり，
　○○○を☆☆☆すると■■■なりました。」

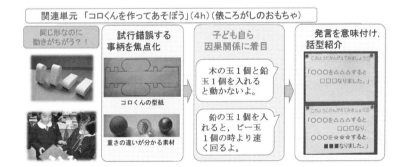

②授業設計・評価マトリクス作成によって子どもの姿を見取る観点を明確にするとともに，試行錯誤に適したおもちゃか検討する。

子どもたちが活動する中で因果関係に着目した際に，どのように言語表現するかを予め想定し，表１に示す授業設計・評価マトリクスを作成した。ここに示したレベルは子どもたちを評定するためのものではない。子どもたちの様子を見取るとともに指導に生かすためのものである。レベル１の子どもにどのような言葉がけ（直接，振り返りカードへ

のコメント）や環境構成等を行えばレベル2，3と見方・考え方を深めることができるか手がかりを得るためのものである。また，子どもたちが扱うであろう素材・おもちゃが試行錯誤することに適したものであるか事前に捉える役割も果たす。

表1　授業設計・評価マトリクス〔因果関係〕（一部）

	レベル1	レベル2	レベル3	レベル4
育てたいものの見方・考え方	○大まかな捉え ○諸感覚を働かせて得た情報	○働きかけによって得られた情報	○複数の働きかけを比較することで得られた情報	○原因・根拠 ○類推した気付き
育てたい言語表現		○○を△△すると□□になる（ならない）。	○○を△△すると□□になり，○○を▲▲すると■■になった。	
記述例 ○風	・下敷きやうちわを使うと物を動かすことができる。	・下敷きやうちわであおぐと物を動かすことができる。	・ゆっくりあおぐよりも勢いよく<u>あおぐ方が速く進</u>んだり，重いものでも倒れたりする。	・下敷きやうちわであおぐと風が吹いて物を動かすことができる。いくらあおいでも風が当たらなかったら物は動かない。
○空気	・息で物を動かせる。 ・マヨネーズ容器の代わりにポリ袋とラップの芯でもとばせる。	・ポリ袋に空気を入れると膨らむ。 ・たくさん空気を入れるとぱんぱんになる。 ・膨らませたポリ袋をたたくと物がとぶ。 ・ポリ袋が破れると玉がとばない。 ・容器の口と玉に隙間があるとあまりとばない。	・ポリ袋（マヨネーズ容器）をゆっくりつぶすよりも，一気につぶす（パンと強くたたく）方が<u>よく（遠くまで，勢いよく，速く）とぶ</u>。 ・勢いよく吹く方が，ストローが<u>よくとぶ</u>。	・ポリ袋の空気砲もマヨネーズの空容器もストロー鉄砲も，押し出された空気で物が押されてとぶ。
○ゴム	・輪ゴムを使うと物をとばすことができる。	・輪ゴムを引っ張ってはなすと，物がとぶ。	・輪ゴムをしっかり引っ張ると，物がよくとび，あまり引っ張らないと少ししかとばない（ゆっくりとぶ）。	・輪ゴムは，引っ張ってはなすと素早く元に戻るから，物がとぶ。

○磁石	・磁石と磁石はくっつく。 ・磁石と磁石は，にげる。 ・力が強い磁石と弱い磁石がある。	・磁石を両手に持って近づけると，跳ね返される（離れる）ときと引っ張られる（くっつく）ときがある。 ・間の手や紙があっても磁石と磁石はくっついたり離れたりする。	・くっつき合った二つの磁石の片方を反対の向きにして近づけるとくっつかないで逃げる。反対にした方をもとの向きに戻すとくっつく。 ・間の紙が薄いと磁石と磁石がくっついたり離れたりするが，分厚いとしない。 ・手のひらを二つの磁石ではさむとき，穴が開いていない磁石の方が開いている磁石よりも落ちにくい。	・磁石は離れていてもはね返したり，吸い付いたりするような力をもっているみたいだ。 ・磁石の力には向きがあるようだ。 ・磁石の力は手や紙を通り抜けるみたいだ。
○おもり	・おもりで物を動かすことができる。	・鉛玉を落とすと割りばしが勢いよく押されて玉がとんだ。 ・ビー玉を落とすと少しだけとんだ。	・鉛玉を高い所から落とすと玉が勢いよく遠くへとんだが，低いところから落とすと玉はゆっくり近くにとんだ。	・高い所から落とす方が，力があるのではないか。 ・軽いものよりも重い物の方が，力があるのではないか。

③相談・手助けを促す交流の場を設定する。

　おもちゃの種類・動力別のグループで作業場所を設定しお互いの様子が見えるようにすることで，作ったり遊んだりしながらおもちゃの作りや遊び方などに関して交流・相談が生じやすいようにする。

　学級全体や動力別のグループ内で困っていることやおもちゃをどのように動かしたいのかを話し合う時間を設定したり，「おたすけ板」（困っていることを子ども自身が掲示）を設置したりすることで，相談や手助けを促し，問題の解決に向けての働きかけの手がかりが得られるようにする。

④ 因果関係に着目している姿

(1) 振り返りカード・アンケート（第3次後）からの考察

　第3次後のアンケート（学級全体の人数32人）を見ると，「複数の働きかけを比較することで得られた情報（レベル3）」の記述が15人，「原

因・根拠，類推した気付き（レベル4)」が8人であり，合わせて23人（72％）の子どもが，因果関係に関して十分に着目している。「働きかけによって得られた情報（レベル2)」は，7人である。レベル2〜4を合わせると30人で，94％の子どもが因果関係に着目した記述を行っている。しかし，2人に因果関係に関する記述はなかった。

　2人の子どもに関して考察する。一人は，自分が作ったおもちゃの概略や1年生と遊ぶ際に配慮することを記述している。毎時の振り返りカードでは，レベル3・4での記述も行っており，活動の様子からも因果関係に着目していることは十分にうかがえた。もう一人のアンケートには，友達のおもちゃで遊んだ際に見出した参考にしたいことが書かれていた。振り返りカードでは，働きかけとその結果には着目しているが，言葉や絵で見出したことを分かりやすく表すことが十分にはできていなかった。筆者は，振り返りカードに赤ペンを入れ，表したいことを尋ねたり補足したりしたが，言語化するための手助けや友達とのかかわりを促す言葉掛けを一層行うことが必要であった。

アンケートの記述例
〈原因・根拠，類推した気付き（レベル4)〉

「シーソーでふつうに重りを落としたら小さい玉はよくとんでいることが不思議です。ぼくが思う理由は，小さい玉が軽いからよくとぶんだと思います。」(17児)

「ぼくは25番さんの車を見て，『かるいから速いんだ！ぼくもかるくしよう。』と思って，1号をこわして新しい1号を作りました。」(27児)

〈複数の働きかけを比較することで得られた情報（レベル3）〉

「意味が分かりました。（シーソーでうでが）長いのは遠くまでとんで，短いのは近くにとぶんだと思いました。」（7児）

「3つの磁石を（箱の）下で動かしたら，（箱の上の動物が）動いたんだけど，1枚の磁石ですると少ししか動きませんでした。」（11児）

「ゴムを引っ張ってないときは『ふにょふにょ』で少ししかとばなかったけど，引っ張ったときは「ぴん」としてとても遠くにとんだ。」（3児）

(2) 今後の展望

本稿での手立てが，因果関係に着目する見方・考え方を育む上で効果があると考えるが，子ども自身がどのような見方・考え方を行っているか自覚することや選択できるようにしていくことも必要である。

《参考文献》
金沢緑，松浦拓也：「小学校理科学習指導案作成ツール『授業設計・評価マトリクス』の開発」，日本教科教育学会誌，第37巻第3号 pp.61-69, 2014.

(広島大学附属三原小学校　石井　信孝)

第12章

低学年なりの表現を活かす生活科

　この章では，3年生以降の理科・音楽・図画工作の学習や，将来の生き方につながる気付きや資質・能力の育成を考えた授業を紹介しています。あなたは，この章のタイトルからどんな授業計画ができそうですか。この単元で気付いてほしいものや育成したい資質・能力はどんなものですか？

　あなたは，子どもたちが安心して自分の思いや気付きを表現していけるようにするためには，どのような手立てをとりますか。

　このような手立てを取り入れ，学習を進めていく，子どもたちの資質・能力を育てる活動とはどのようなものと考えますか。

　本章の実践を見たとき，あなたはこの実践から何に気付きましたか。最後に振り返ってみましょう！

① 低学年らしい表現を活かした生活科とは

　低学年の生活科では表現の出来映えを求めるのではなく，学習過程での思考が，表現と一体になって表れるようにすることが大切である。
　この章の授業は下のような活動の流れをもっている。

(1) 思考と表現の一体化を図った活動の流れ

① 種と関わり，自分の種に名前を付ける。
② 種を植え，マイじょうろ（ペットボトル）で水やりを続ける。
③ 気付きを書いたり，気付きから歌を創ったりする。
④ 咲き終わりの花やつる，葉を使って思い出の一品を創る。

(2) 生命の尊さを実感する体験

① あさがおの育ちの変化について，朝の会や帰りの会で尋ねる。
② 目に見えていないこと（土の中，咲き終わりなど）を予想する。
③ 美しい花も咲き終わり，次の世代の準備をすることを実感する。
④ 自分の成長と照らし合わせて思いをもつ。

② ねらい

① あさがおの成長や育ちに必要なことについて知る。
② 関わりの中で気付いたことを歌や言葉で表現することができる。
③ 生命を大切にする気持ちを実感し，世話をすることができる。

③ 単元マネジメント

(1) 育てたい資質や能力の整理

①知識及び技能の基礎
・植物の種や葉には、それぞれ固有の形や色があることを知る。
・植物を育てるために必要なものや手順があることを知る。

②思考力，判断力，表現力等の基礎
・あさがおの栽培を通して気付いたことを、言葉や音や絵にして、表すことができる。

③学びに向かう力・人間性等
愛情をもって必要とする世話をすることで、植物は成長し、花を咲かせ、最後に新しい命を残してくれることを実感する。

(2) 単元の計画「あさがおとなかよしになろう」

	○学習活動　・気付き	●関わり　◆支援
1	○花を育てた経験を思い出す。 マリーゴールド　あさがお あさがおとなかよくなろう。 ・通学路で見たことがあるよ。 ・花は青色だったよ。 ・〜通りで見たよ。	●家庭 ●地域の公園や庭
2〜3	○自分の種に名前をつける。 願いをこめて種まきをしよう。 家庭で使い終わったペットボトルを再利用する 自分のじょうろで水やりしよう。 どうしたら水やりを忘れないかな。	◆種を触ったり、四方から見たり、においたりできるようにする ◆何色の花が咲いてほしいなどの願いをもてるようにする ◆学級だより・連絡帳でアナウンス
4〜10	○発芽の様子を観察する。 自分のあさがおのお話を歌にしよう。 ・芽が出て、伸びたよ。 ・ハート形だよ。	●音楽科 ♪鉢に小石を入れまして〜土に種を植えました〜小さい顔が出てきたよ〜初めてこんにちは

・つるつるだよ。 ・下の方が赤くなっているよ。 あさがお日記に発見したことを記録しよう。 ・なんで，土にきのこが生えたのかな。 ・つるをよく見ると，紫のところがあるよ。 ・大きくなって倒れていたけど支柱に巻いたら，もう倒れなかったよ。 ・つるにも葉にも，毛が生えていたよ。 ○年長児の色水遊び用に，咲終わりの花をプレゼントする ○あさがおの種をとり，これまでの成長を振り返る 葉っぱやつるであさがおの思い出を残そう。 ・しおりが作れるよ。お母さんにつるで腕輪を作るよ。 ・図書委員会の5・7・5コンテストに応募しよう。	◆発見するために必要なものを尋ね，準備する ・虫めがねで見てみよう ・ものさしで測りたい ●幼稚園 ●家　族 ●委員会 ●国　語

(3) 活動の実際と支援のポイント

　低学年の児童は，教師の願いを読み取り，物事に一生懸命取り組む傾向がある。しかし，長期間集中して世話をする気持ちを維持し続けられるには，教師によるタイミングの良い支援が必要である。

　単元の計画に示したように，授業における支援はもとより，環境や，家庭，友達や他教科とのかかわりを有機的に関わらせることで，あさがおへの関わりが持続し，相乗効果が生まれるといえる。

①本授業における支援のポイント

　児童がじっくりと種を見たり，触れたりして種に名前を付けることは，子どもからあさがおに直接的に働きかける第一歩になる。また，付けた名前の理由を聞くことで，児童の思いや願いをくみとることができる。

　この授業は，自分の種に名前を付け，自分のじょうろを使って，一人

一鉢，責任をもって育てる計画であるが，一方で，学級のすべての鉢にきれいな花を咲かせようという意識をもたせることが大事である。

そのために，「どうしたら全員が花を咲かせることができるか」を課題に全員で知恵を伝え合う場を設定した。児童たちからは，「水やりをしたとき，土がかわいていた友達に教えてあげよう。」「目に見えるところに鉢を置こう。」「日直さんが帰りの会で水やりをしたかどうかを聞いて，忘れていた人はすぐ水やりをする。」「あさがおに元気がないときは班の人が教えてあげる。」など，たくさんの考えが提案された。

継続的に発見を記録する「あさがお日記」では，観察の方法をみんなで考え，気付きを伝え合った後に，自分のあさがおを再び観察して気付きを深めるようにした。

あさがおの種の名前

協力して鉢を運ぶ

②生活科と音楽科

生活科と音楽科の共通点は，具体的な活動を通して気付いたり感じたりしていく学習プロセスにあるといえる。

本単元では，保育園や幼稚園では手遊びとして用いられ，小学校で体全体をつかった教材として教科書に掲載されている遊び歌（図1）をきっかけに，おさがおの栽培体験を歌にしている。

歌を創るといっても，作曲の知識や技術が必要なわけではない。わら

自分なりの芽や花になる児童

第12章　低学年なりの表現を活かす生活科

べうたや遊び歌は，そもそも児童たちの遊びから自発的に発生し，歌いやすく創り変えながら歌われるもので，本来的に間違いのない音楽である。

音楽の時間に，「前に歌った『小さな畑』みたいに，あさがお日記の言葉を使ってお話を歌にしよう。」と呼びかけ，あさがお日記をもちこみ，種まきの作業や，土から芽が出る場面などから，児童の日記や発言を板書し，口ずさみながら創っていった。

児童の創った歌詞

図1 『小学音楽 音楽のおくりもの2』より《小さな畑》抜粋

芽の様子や花の様子を声や身振りで表現する遊びに実感が伴い，元の歌の表現も豊かになる。写真にも見られたように，低学年の児童は自ら芽や花になりきれる一方で，友達の表現にも関心をもち，互いの表現を楽しみながら思いを深めていく。

③状況との関わり・不測の事態への関わり

あさがおを育てることは，あさがおを取り巻く周りの状況に気付くきっかけになる。例えば，友達のあさがおの生育と自分のあさがおの生育の違いに気付いた児童たちは，その原因を考えるようになる。

「（私のあさがおは）木の陰だから芽が出ないのかな。」

「風があたるから大きくなるのかな。」「水が足らないのかな。」などと思いを巡らせる。

ある日，帰りの時間に，「先生，○○君のあさがおが倒れていました。誰かが倒したかもしれない。」という訴えがあり，様子を見にいくと，1鉢だけが激しく倒れ，土が半分以上散らばっていた。児童たちを

集めて，時間順に事実情報を集めた結果，2時間目までは倒れていなかったのに，昼休憩のはじめには倒れていたということが分かった。

　事実をもとに，鉢が倒れた原因を考える中で，2時間目後の休憩時間に走り回った誰かが当たったか，上級生のドッジボールがとんできて当たったのではないかという結論に至った。今後，同じような事件が繰り返されないようにするにはどうしたらいいかを課題として解決策を考えた結果，ボールの当たらない場所に鉢を動かすことにした。話し合う中で，児童自身も，校庭や公園で同じような失敗をするかもしれないということを自覚することができた。

　また，ある時は急に台風の予報があり，空き教室にブルーシートをしいて，全員で協力してバケツリレーをしながら鉢を運んだ。

　家庭での外周りの仕事は大人が行うことが多く，児童の中には台風対策で鉢を動かす経験がない児童もおり，不測の事態に備える体験となった。自然と関わりながら生きていくためには，自然の変化に応じて，自らの予定を変化させなければならないことを実感する機会にもなった。

台風から守られた鉢

　あさがおの花は，ブルーシートの上で児童たちによって守られた。

④家庭生活との関わり

　学校での児童の様子は，保護者には見えないものである。幼稚園や保育園，こども園時代には，お迎え時に保育者からその日のエピソードを聞いたり，個別の連絡を読んだりできていたが，小学校に入学すると，一人一人の日々のエピソードを聞く機会が少なくなることから，不安を感じる保護者もおられる。

　連絡があるのは悪いことがあったときだけ，ということにならないよう，日頃からニュースを発信していくことが大切である。

　本事例では，児童があさがおの世話を続けられるように，まず，学級だよりに種まきニュースを掲載し，家庭であさがおのことを話題にして

もらうように呼びかけた。また，じょうろに使うペットボトル用に家庭ごみの保管のお願いをアナウンスした。その後は，子どもの栽培の様子や，児童の記録を発信して，学校と家庭が互いに話題を共有できるようにした。

　単元の終わりは，種をとり，土や石を返して鉢を洗う前に，あさがおの思い出を残す表現活動に取り組んだ。思い出の一品は，自分の思い出としてとっておくものでも，誰かにプレゼントするものでもよい。誕生日カードにする児童や，しおりを作る児童，つるで母親のネックレスを作ったり，なわとびを作って跳び切れるといってやめたりする児童もいた。これらの姿は，創造的思考と表現が一体化した姿であり，教師は創りたいものにチャレンジできるような環境（材料・場所・道具）を構成する役割を担うことが大切である。

カード・しおり・手紙

「ハートが2つ重なっていたよ。」

⑤委員会とのかかわり

　委員会は高学年のためだけの機能ではない。本事例では，歌づくりで興味をもった児童に，図書委員会が公募する「俳句・標語：5・7・5コンテスト」への応募を呼びかけたところ，1名の女子が1年代表として「素敵な句」に選ばれ，放送委員会の企画にのって給食放送で流される展開となった。―ピンクかも　とうとう咲いた　青い花―と読み上げられ，創った児童ははにかみながらも喜び，学級の児童も代表が自分の学級に所属していることで誇らしそうな顔をしていた。1人の児童の表現が学校全体に伝わった瞬間である。

俳句や標語は，1年生の国語科で取り組む指導内容ではないが，クラブや委員会の働きかけに応じて，発展的な学習に導くことも一案である。

⑥社会とのかかわり

　就学前の園児たちの遊びとして頻繁に観察するのが，自然の素材を使った料理である。あさがおの花は，ペットボトルに入れて水と一緒に振るだけでも美しい色水ができ，万が一口に入っても安全であることから，ジュースや，かきごおりのシロップ，にじみ絵の材料として多様な使い方がされている。

　公立小学校では，近隣の年長児と関わる場を企画して，小学校に招待し，お土産の一つとして自分の好きな色の花を選んで持ち帰るような計画が考えられる。本事例では，色水遊びをしている園に，咲き終わりの花を集めて届けるという関わりにとどまった。それぞれの地域や学校の状況の中で，社会や人々に対して児童にできることはないかという視点をもつことが必要である。

④ 低学年らしい表現は多様であるから生活科は楽しい

　生活科における子どもたちの活動は，教師の想定しないことの連続である。それでも，教師は事前に教科としてのねらいに即した授業を展開していく。しかし，本当に子どもたちが表現したくなるのは，突発的な出来事に出会った瞬間である。

　大人の表現であれば，文章にエネルギーが出るというと大げさかもしれないが，日常的なあさがおの観察と異なる出会いがあったとき，子どもも誰かに伝えたくなる。そのときは，文はもちろん，絵や，ロールプレーなどで体を使う，もちろん歌にしてみるなど，多様な表現を認めてあげているよという雰囲気が必要である。そのためにはワークシートに書き込むことも学習ではあるが，日頃の生活科の授業から自由な表現を保障できるようにしておきたい。

《引用・参考文献》
⑴　原田信之，須本良夫，友田靖雄編『気付きの質を高める生活科指導法』東洋館出版社，2011，p.53
⑵　三善晃監修『小学音楽　音楽のおくりもの２』教育出版社，2011，p.7

（広島女学院大学　森保　尚美）

実践編

第13章 低学年だからこそ p4c

　この章は、子どもたちが気付きの質を高め、対話をしながら身近なものの社会的な意味を考えることができるような実践を紹介しています。

　子どもたちは生き物や樹木など、自然への興味関心がとても高いですが、子どもたちの興味・関心を、社会的なものの気付きへとつなげていくための手立てとしてどんなことを取り入れますか。

　あなたは、子どもたちが安心して自分の思いを語り、聴き合うような対話空間を作るためにはどのような手立てをとりますか。

　このような手立てを取り入れ、学習を進めいくうちに、子どもたちに育つ育成したい資質・能力とはどのようなものと考えますか。

　本章の実践を見たとき、あなたはこの実践から何に気付きましたか。最後に振り返ってみましょう！

① 低学年の学びと p4c

　p4c とは，子ども哲学（philosophy for children）の頭文字から作られた言葉で，アメリカの哲学者・教育学者であるマシュー・リップマンが 1970 年代に開発した教育方法である。

　p4c では，子どもたちの「不思議だな」と思うこと，教員も子どもたちと一緒になって対話をしながら探求すること，安心して自分の思いを語り，それがしっかりと受け止めてもらえることなどを大切にしている。

　本校では，新教科てつがく科に取り組み始めた。新しくマネジメントされた教育課程には，上記の p4c で大切にされている要素も盛り込まれ，お互いに対話ができる時間を多く取るようにしている。子どもたちが，自分の思ったことや感じたことを安心して語り，それぞれの子どもがそれを受け止めることができる関係性をつくることに努めてきた。

　クラスのみんなで輪になって座り語り合う（サークル対話）場面では，日々の出来事や新しい発見，普段考えていることなど自由に語り，まわりの子は聴き，疑問があったら率直に聞いてみる。考えが違うときには，批判もする。そのような時間をたくさん過ごすことを通して，対話的で深い学びとなっていくと考えている。

　また，安心して自分を出し，お互いに聴き合い，時には批判し合うセーフティーな対話空間を創出していくことや，学びを子どもたち自身でつくっていくことは，学級という小さな社会を自分たちの手で成長させていくという民主的な営みでもある。

　このような環境をつくるには，教員の心構えが重要である。では，どのようにすれば，子どもたちが安心して自分をさらけ出すことができ，お互いが聴き合える空間をつくることができるのだろうか。

　サークル対話の際，子どもたちは，相手の意図をくみとることができずに，自分が話したい話題に引っ張ったり，話し手の内容に興味を感じなければ，集中力が途切れたりしてしまう。そのようなときも，温かく見守り，時間がかかっても，粘り強く向き合う。感じたことや思いを自

由に語ることができるようにするためには，「話したことに対して否定されない，みんなが受け止めてくれるんだ。」と感じられることが重要である。教師は発言がたどたどしくてもすぐにまとめたりせずじっくり待ち，話が分かりにくくてもしっかり受け止め，様々な発言から意味を価値付けていくように努めていく。これには，教員も我慢と忍耐が必要である。教員も子どもとともにじっくり聴き，寛容の態度が子どもたちに伝わるように努めていくことが大切である。

また，子どもたち自身で，聴き手が楽しく聞いてくれるように内容を精選したり，聞く態度をお互いに注意したりするなど，子どもたちが，教員の顔色をうかがうことなく，自然とよりよい空間をつくろうとする姿につながる。

② 題材について　身近なものの秘密を考えよう
～グリーンアドベンチャーに込められた願いとは～（第2学年・2017年2月実施）

(1)　社会的なものの気付きのために～グリーンアドベンチャーを取り上げる～

　グリーンアドベンチャーとは，本大学に設置されている野外文化活動の一つである（図1）。木の前にある植物の名前が隠されたパネルを自分自身の手でめくり，その名前を確認したり，付け加えられている特徴などを見たりして植物と対面することができる。まわりの自然に目を向け，身近な自然を具体的に認識させたいという製作者の願いが込められている。

　低学年の学びだからこそ，子ども一人一人の思いや願いからスタートしたり，

図1　グリーンアドベンチャーのパネル

具体的な体験や活動を通して主体的に学んだりすることを意識したい。そこで，子どもたちのほとんどが大学散策の際に何気なくめくっているグリーンアドベンチャーを取り上げる。個人個人の自由な発想をもとに

語り合うことから，社会的事象のもつ意味やそれに携わる人の願いに迫ることができるように教員が学びを価値付けていきたい。

(2) 子どもたちの興味を引き出し，気付きの質を高めるために～大学散策とサークル対話～

　大学構内という公共の場所の散策という共通の体験活動を設定した。その後，サークル対話を行い，子どもたちが発見したことを自由に語り合い，聴き合う。

　「○○を探そう」という目的は設定せず，個々が自由に感じる。それを受けて「なぜなんだろう」と自分の中で考える。その経験をサークル対話に持ち込む。それぞれが感じたことや考えたことを安心して語り合う。すると，同じ所を歩いているのに，教室で話し合ってみると自分が気付かなかったことに友達が気付いていたことを知る。個々の気付きの違いが新たな学びとなるとともに，友達の感じ方の違いのおもしろさに気付き，みんなの考えを聴いてみたいという気持ちになってくる。この経験を繰り返すうちに，注意深く見つめたり，視野が広がったりするなど，子どもたちの気付きの質が高まることにつながると考える。

③ 単元マネジメント

(1) 育てたい資質や能力の整理

①知識及び技能の基礎
　身の回りには，みんなで使うものがあることや，暮らしの役に立つものがあることが分かる。

②思考力，判断力，表現力等の基礎
　じっくり見たり触ったり，においや空気から感じたりしたことをもとに，自己の体験を自分の言葉で語り合い，聴き合う。
　見つけた身の回りのものが，どんな意味があるのかを予想する。

③学びに向かう力，人間性等

　身の回りのものには，様々な意味が込められているということが分かることを通して，他のものの社会的な意味を考えようとしたり，調べたりすることができる。

(2) 単元計画

第1時～第4時…大学構内を散策し，諸感覚で様々なものを感じ取る。
第5時～第12時…散策後に，体験したことを聴き合い，語り合う。話題になったことを確認しながら大学散歩を繰り返す。
第13時～第15時…身近な（グリーンアドベンチャー）について，どのように紹介するかを書き，それを語り合うことを通して製作者の意図や願いを考える。

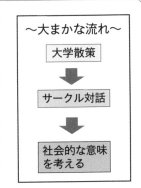

※単元を進めるにあたっては，散策にどれくらいの時間をかければよいか，子どもたちは何に興味があるのかなどを子どもたちの様子から感じ取りながら，単元をマネジメントしていくことが大切である。

【単元進行イメージ】

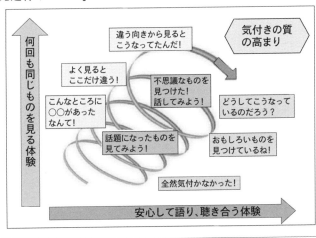

(3) 本時の指導案

①本時のねらい

　大学構内で見つけたグリーンアドベンチャーには，どんな願いが込められているかを子どもたち同士の対話を通じて考える。

②予想される本時の展開

主な学習活動と子どもの姿	留意点
○「大学散策」を振り返り，おもしろかったものや気になったものを出し合う。 ○グリーンアドベンチャーを取り上げ，普段の学習で使っている「見つける・しらべるカード」で紹介するなら何を書くかを考える。 ○子どもたちが書いた問いや発見に対して，予想や意見を出し合う。 例…どうやって作ったのか。誰がつくったのか。パネル数はどれくらいか。どんな木が選ばれているのか。など	○それぞれの理由を根拠をもとに発言するように促す。 ○何のためにあるのか，誰にとってどのような意味があるのか等を多面的に捉えることができるよう，発言に付け加える。 ○子どもたちから出てこない場合は，関わっている人が誰かということを考えるための資料を提示し，焦点化する。

④ 学習の履歴から特徴的な部分を抽出

(1) 社会的なものへの気付き

　大学散策を始めた当初は，自然の木々や鳥などの生き物などに興味が引かれていた。しかし，回を追うごとに，災害用トイレ，点字ブロックなどに目が向けられてきた。子どもたちの発見から社会的な気付きへつなげていくため，話題として挙がった際には「誰にとってよいのか」「何のためにあるのか」というように社会の営みが意識されるように付け加えている。

　何を身近なものとして取り上げ，社会的なものの意味につなげていこうかと悩んでいたが，2回目のサークル対話では，子どもたちの発言か

らグリーンアドベンチャーの話題になった。「パネルが20個くらいあった」「パネルをめくったらトウネズミモチと書いてあった」と口々に発言していたので，子どもたちが興味をもちながら話し合える題材として適切だと感じた。

(2) 安心して自分の問いを語る

散策の発見を「ワカメのようなにおいがして，行ってみたら，ごみ置き場でした。」とAS児が発言した。それを受けて，SI児が「そのごみ置き場には，ワカメが入っていたのですか。」と質問した。「それはわかりません。」と返ってきた。常識的に考えるとごみ集積所には本当にワカメなどあるはずがなく，「あるわけないじゃん」と一蹴されてしまう可能性を秘めた場面でもある。しかし，AS児もまわりの子どもたちも，SI児の疑問を受け止め，応答している姿が見られた。安心して自分の疑問を問いかける環境が備わり始めている。

(3) 本時の実際〜グリーンアドベンチャーについて考えよう〜

①問いの探求〜グリーンアドベンチャーとは？

グリーンアドベンチャーに話題が移ったときに，KK児が，「なんでグリーンアドベンチャーという名前なんだろう。」ふと名前の由来について疑問をつぶやいた。それを受けて，YA児が「だって，木とかアオギリは木でしょ。グリーンは緑でしょ。日本語で言うと，葉っぱのところが緑だからグリーン。」OK児が「で，アドベンチャーが遊ぶみたいな。」と子どもたち自身の考えを出し合い，本質に迫る姿が見られた。

②子どもたちの思いから製作者の意図につながる

グリーンアドベンチャーについてGK児は「めくるところの下にヒントがある。みんなめくって木の名前を覚える。」と自身が書いたものを紹介してくれた。それを受けHS児が，「確かにハナミズキとか，みんな覚えているのは，ペラペラって（パネルを）めくるから。」とつぶやいた。TK児も「何回も同じ場所をめくるからそれで覚える。」と重ねた。教員が「何回もめくりたくなるの？」と問うと，TY児は「めくりたくなるというか，自然とめくっちゃう。同じのでもめくっちゃう。」と発

言し，KK児が「脳みそが習慣みたいになって（めくっちゃう。）」と付け加え，グリーンアドベンチャーのパネルの効果について考え始めた。

その後，様々な意見が出たが，KT児が「めくると脳みそを使うから勉強になる。」と発言した。「どういうこと？」とまわりも戸惑った。すると，自身の発言に「問題の答えを考えると脳みそを使うから。」と付け足した。教室の空気が「なるほど〜！」となり，OH児が，「めくりたいけど，答えを考えてからじゃないとなんかめくりにくい。めくりたいから先に答えを考えて，めくるから脳みそを使っている。」と，KT児の発言を受けて自分なりの考えを発言した。

グリーンアドベンチャーについて製作者は，「植物の名前が載っている看板がぶら下がっているものだと，見過ごしてしまうことがある。自分自身で名前が隠されたパネルをめくり，確認することに意味がある。」とおっしゃっていた。パネルをめくる効果について，自分たちの経験に即しながら考える姿が見られた。さらに，「脳みそ」という発言から，KT児の発言につながり，対話を通して「パネルをめくる」ことの効果を製作者がねらっているのではないかと考える姿が見られた。

⑤ おわりに

本実践では，子どもたちの興味・関心をもとに学習を構成することで，自分たちの生活についての気付きを高めることができた。また，子どもたちが安心して語り合うことを通して，社会的事象の本質に迫ることができた。この経験をいかし，積極的に社会に働きかけ，自分たちで学びや社会を構成していくような市民として育つことを願っている。

《引用・参考文献》
p4c japan HP（http://p4c-japan.com/）
二階堂年惠「生活科と社会科の違いは何か」社会認識教育学会編 2012『新社会科教育学ハンドブック』明治図書．p.308-315

（お茶の水女子大学附属小学校　岩坂　尚史）

トピック 2

自然認識の芽を育てるあそび紹介
～河原あそび（石あそび）～

　河原にはたくさんの石があります。
　子どもたちにとって，そこは夢の国です。自分のお気に入りの石を見つけたり，いろんな石を集めてあそんだり…いくら時間があっても足りません。そんなすてきな場所で，子どもたちが石に対して視点をもって見ていくことができるようなあそびを紹介します。
　ただし，河原の活動やあそびは，絶対に一人ではやらないという約束をしておきましょう。（学校の実態で留意すること）

【ツムツムあそび】
　石をどんどん積んでいきます。どのぐらい高く積むことができるかを目標にして，みんなであそびます。
（子どもの姿）
　平らな石を選び，大きいものから順に石を積んでいく。
〈自然認識の芽〉
　石の大きさ，形を視点として，石を選ぶ。（比較）

　誰が一番高く積めるかというゲーム要素を入れて，楽しみましょう！

【なかまわけあそび】
　高く積んだ石をなかまわけするあそびをします。
（子どもの姿）
　石の色に着目して，なかまわけをする。
〈自然認識の芽〉

　石の色を視点として，石のなかまわけをする。（比較）
　いつの間にか角のない丸い石が多いとか，緑が少ないなど，子どもたちはお互いに，つぶやき合います。

【ピョンピョンあそび（水きり）】
　水面をぴょんぴょんさせるあそびをします。
（子どもの姿）
　少しでもたくさんピョンピョンするためには，どうしたらよいか考えて，あそびをする。
〈自然認識の芽〉
　平らな石の方がぴょんぴょんする。（関係付け）

　何気ない「あそび」ですが，3年生以降の理科につながる大事な「あそび」です！

（岐阜大学教育学部附属小学校　佐藤　秀行）

付 録

- 小学校生活科 学習指導要領新旧対照表
- 幼稚園教育要領
- 保育所保育指針

小学校生活科学習指導要領新旧対照表

新（平成29年告示）	旧（平成20年版）
第1　目標 具体的な活動や体験を通して，身近な生活に関わる見方・考え方を生かし，自立し生活を豊かにしていくための資質・能力を次のとおり育成することを目指す。 (1) 活動や体験の過程において，自分自身，身近な人々，社会及び自然の特徴やよさ，それらの関わり等に気付くとともに，生活上必要な習慣や技能を身に付けるようにする。 (2) 身近な人々，社会及び自然を自分との関わりで捉え，自分自身や自分の生活について考え，表現することができるようにする。 (3) 身近な人々，社会及び自然に自ら働きかけ，意欲や自信をもって学んだり生活を豊かにしたりしようとする態度を養う。	具体的な活動や体験を通して，自分と身近な人々，社会及び自然とのかかわりに関心をもち，自分自身や自分の生活について考えさせるとともに，その過程において生活上必要な習慣や技能を身に付けさせ，自立への基礎を養う。
第2　各学年の目標及び内容 〔第1学年及び第2学年〕 1　目標	
(1) 学校，家庭及び地域の生活に関わることを通して，自分と身近な人々，社会及び自然との関わりについて考えることができ，それらのよさやすばらしさ，自分との関わりに気付き，地域に愛着をもち自然を大切にしたり，集団や社会の一員として安全で適切な行動をしたりするようにする。 (2) 身近な人々，社会及び自然と触れ合ったり関わったりすることを通して，それらを工夫したり楽しんだりすることができ，活動のよさや大切さに気付き，自分たちの遊びや生活をよりよくするようにする。 (3) 自分自身を見つめることを通して，自分の生活や成長，身近な人々の支えについて考えることができ，自分のよさや可能性に気付き，意欲と自信をもって生活するようにする。	(1) 自分と身近な人々及び地域の様々な場所，公共物などとのかかわりに関心をもち，地域のよさに気付き，愛着をもつことができるようにするとともに，集団や社会の一員として自分の役割や行動の仕方について考え，安全で適切な行動ができるようにする。 (2) 自分と身近な動物や植物などの自然とのかかわりに関心をもち，自然のすばらしさに気付き，自然を大切にしたり，自分たちの遊びや生活を工夫したりすることができるようにする。 (3) 身近な人々，社会及び自然とのかかわりを深めることを通して，自分のよさや可能性に気付き，意欲と自信をもって生活することができるようにする。 (4) 身近な人々，社会及び自然に関する活動の楽しさを味わうとともに，それらを通して気付いたことや楽しかったことなどについて，言葉，絵，動作，劇化などの方法により表現し，考えることができるようにする。
2　内容 1の資質・能力を育成するため，次の内容を指導する。 〔学校，家庭及び地域の生活に関する内容〕	
(1) 学校生活に関わる活動を通して，学校の施設の様子や学校生活を支えている人々や友達，通学路の様子やその安全を守っている	(1) 学校の施設の様子及び先生など学校生活を支えている人々や友達のことが分かり，楽しく安心して遊びや生活ができるようにす

人々などについて考えることができ，学校での生活は様々な人や施設と関わっていることが分かり，楽しく安心して遊びや生活をしたり，安全な登下校をしたりしようとする。

(2) 家庭生活に関わる活動を通して，家庭における家族のことや自分でできることなどについて考えることができ，家庭での生活は互いに支え合っていることが分かり，自分の役割を積極的に果たしたり，規則正しく健康に気を付けて生活したりしようとする。

(3) 地域に関わる活動を通して，地域の場所やそこで生活したり働いたりしている人々について考えることができ，自分たちの生活は様々な人や場所と関わっていることが分かり，それらに親しみや愛着をもち，適切に接したり安全に生活したりしようとする。

るとともに，通学路の様子やその安全を守っている人々などに関心をもち，安全な登下校ができるようにする。

(2) 家庭生活を支えている家族のことや自分でできることなどについて考え，自分の役割を積極的に果たすとともに，規則正しく健康に気を付けて生活することができるようにする。

(3) 自分たちの生活は地域で生活したり働いたりしている人々や様々な場所とかかわっていることが分かり，それらに親しみや愛着をもち，人々と適切に接することや安全に生活することができるようにする。

〔身近な人々，社会及び自然と関わる活動に関する内容〕

(4) 公共物や公共施設を利用する活動を通して，それらのよさを感じたり働きを捉えたりすることができ，身の回りにはみんなで使うものがあることやそれらを支えている人々がいることなどが分かるとともに，それらを大切にし，安全に気を付けて正しく利用しようとする。

(5) 身近な自然を観察したり，季節や地域の行事に関わったりするなどの活動を通して，それらの違いや特徴を見付けることができ，自然の様子や四季の変化，季節によって生活の様子が変わることに気付くとともに，それらを取り入れ自分の生活を楽しくしようとする。

(6) 身近な自然を利用したり，身近にある物を使ったりするなどして活動を通して，遊びや遊びに使う物を工夫してつくることができ，その面白さや自然の不思議さに気付くとともに，みんなと楽しみながら遊びを創り出そうとする。

(7) 動物を飼ったり植物を育てたりする活動を通して，それらの育つ場所，変化や成長の様子に関心をもって働きかけることができ，それらは生命をもっていることや成長していることに気付くとともに，生き物への親しみをもち，大切にしようとする。

(8) 自分たちの生活や地域の出来事を身近な人々と伝え合う活動を通して，相手のことを想像したり伝えたいことや伝え方を選んだりすることができ，身近な人々と関わることのよさや楽しさが分かるとともに，進んで触れ合い交流しようとする。

(4) 公共物や公共施設を利用し，身の回りにはみんなで使うものがあることやそれを支えている人々がいることなどが分かり，それらを大切にし，安全に気を付けて正しく利用することができるようにする。

(5) 身近な自然を観察したり，季節や地域の行事にかかわる活動を行ったりなどして，四季の変化や季節によって生活の様子が変わることに気付き，自分たちの生活を工夫したり楽しくしたりできるようにする。

(6) 身近な自然を利用したり，身近にある物を使ったりなどして，遊びや遊びに使う物を工夫してつくり，その面白さや自然の不思議さに気付き，みんなで遊びを楽しむことができるようにする。

(7) 動物を飼ったり植物を育てたりして，それらの育つ場所，変化や成長の様子に関心をもち，また，それらは生命をもっていることや成長していることに気付き，生き物への親しみをもち，大切にすることができるようにする。

(8) 自分たちの生活や地域の出来事を身近な人々と伝え合う活動を行い，身近な人々とかかわることの楽しさが分かり，進んで交流することができるようにする。

〔自分自身の生活や成長に関する内容〕

(9) 自分自身の生活や成長を振り返る活動を通

(9) 自分自身の成長を振り返り，多くの人々の

して，自分のことや支えてくれた人々について考えることができ，自分が大きくなったこと，自分でできるようになったこと，役割が増えたことなどが分かるとともに，これまでの生活や成長を支えてくれた人々に感謝の気持ちをもち，これからの成長への願いをもって，意欲的に生活しようとする。	支えにより自分が大きくなったこと，自分でできるようになったこと，役割が増えたことなどが分かり，これまでの生活や成長を支えてくれた人々に感謝の気持ちをもつとともに，これからの成長への願いをもって，意欲的に生活することができるようにする。

第3　指導計画の作成と内容の取扱い
1　指導計画の作成に当たっては，次の事項に配慮するものとする。

(1) 年間や，単元など内容や時間のまとまりを見通して，その中で育む資質・能力の育成に向けて，児童の主体的・対話的で深い学びの実現を図るようにすること。その際，児童が具体的な活動や体験を通して，身近な生活に関わる見方・考え方を生かし，自分と地域の人々，社会及び自然との関わりが具体的に把握できるような学習活動の充実を図ることとし，校外での活動を積極的に取り入れること。	(1) 自分と地域の人々，社会及び自然とのかかわりが具体的に把握できるような学習活動を行うこととし，校外での活動を積極的に取り入れること。
(2) 児童の発達の段階や特性を踏まえ，2学年間を見通して学習活動を設定すること。	
(3) 第2の内容の(7)については，2学年間にわたって取り扱うものとし，動物や植物への関わり方が深まるよう継続的な飼育，栽培を行うようにすること。	(2) 第2の内容の(7)については，2学年にわたって取り扱うものとし，動物や植物へのかかわり方が深まるよう継続的な飼育，栽培を行うようにすること。
(4) 他教科等との関連を積極的に図り，指導の効果を高め，低学年における教育全体の充実を図り，中学年以降の教育へ円滑に接続できるようにするとともに，幼稚園教育要領等に示す幼児期の終わりまでに育ってほしい姿との関連を考慮すること。特に，小学校入学当初においては，幼児期における遊びを通した総合的な学びから他教科等における学習に円滑に移行し，主体的に自己を発揮しながら，より自覚的な学びに向かうことが可能となるようにすること。その際，生活科を中心とした合科的・関連的な指導や，弾力的な時間割の設定を行うなどの工夫をすること。	(3) 国語科，音楽科，図画工作科など他教科等との関連を積極的に図り，指導の効果を高めるようにすること。特に，第1学年入学当初においては，生活科を中心とした合科的な指導を行うなどの工夫をすること。
(5) 障害のある児童などについては，学習活動を行う場合に生じる困難さに応じた指導内容や指導方法の工夫を計画的，組織的に行うこと。	
(6) 第1章総則の第1の2の(2)に示す道徳教育の目標に基づき，道徳科などとの関連を考慮しながら，第3章特別の教科道徳の第2に示す内容について，生活科の特質に応じて適切な指導をすること。	

2　第2の内容の取扱いについては，次の事項に配慮するものとする。

(1) 地域の人々，社会及び自然を生かすとともに，それらを一体的に扱うよう学習活動を	(1) 地域の人々，社会及び自然を生かすとともに，それらを一体的に扱う学習活動を工夫

工夫すること。 (2) 身近な人々，社会及び自然に関する活動の楽しさを味わうとともに，それらを通して気付いたことや楽しかったことなどについて，言葉，絵，動作，劇化などの多様な方法により表現し，考えることができるようにすること。また，このように表現し，考えることを通して，気付きを確かなものとしたり，気付いたことを関連付けたりすることができるよう工夫すること。 (3) 具体的な活動や体験を通して気付いたことを基に考えることができるようにするため，見付ける，比べる，たとえる，試す，見通す，工夫するなどの多様な学習活動を行うようにすること。 (4) 学習活動を行うに当たっては，コンピュータなどの情報機器について，その特質を踏まえ，児童の発達の段階や特性及び生活科の特質などに応じて適切に活用するようにすること。 (5) 具体的な活動や体験を行うに当たっては，身近な幼児や高齢者，障害のある児童生徒などの多様な人々と触れ合うことができるようにすること。 (6) 生活上必要な習慣や技能の指導については，人，社会，自然及び自分自身に関わる学習活動の展開に即して行うようにすること。	すること。 (2) 具体的な活動や体験を通して気付いたことを基に考えさせるため，見付ける，比べる，たとえるなどの多様な学習活動を工夫すること。 (3) 具体的な活動や体験を行うに当たっては，身近な幼児や高齢者，障害のある児童生徒などの多様な人々と触れ合うことができるようにすること。 生活上必要な習慣や技能の指導については，人，社会，自然及び自分自身にかかわる学習活動の展開に即して行うようにすること。

幼稚園教育要領

第1章　総　則
第1　幼稚園教育の基本

　幼児期の教育は，生涯にわたる人格形成の基礎を培う重要なものであり，幼稚園教育は，学校教育法に規定する目的及び目標を達成するため，幼児期の特性を踏まえ，環境を通して行うものであることを基本とする。

　このため教師は，幼児との信頼関係を十分に築き，幼児が身近な環境に主体的に関わり，環境との関わり方や意味に気付き，これらを取り込もうとして，試行錯誤したり，考えたりするようになる幼児期の教育における見方・考え方を生かし，幼児と共によりよい教育環境を創造するように努めるものとする。これらを踏まえ，次に示す事項を重視して教育を行わなければならない。

1　幼児は安定した情緒の下で自己を十分に発揮することにより発達に必要な体験を得ていくものであることを考慮して，幼児の主体的な活動を促し，幼児期にふさわしい生活が展開されるようにすること。
2　幼児の自発的な活動としての遊びは，心身の調和のとれた発達の基礎を培う重要な学習であることを考慮して，遊びを通しての指導を中心として第2章に示すねらいが総合的に達成されるようにすること。
3　幼児の発達は，心身の諸側面が相互に関連し合い，多様な経過をたどって成し遂げられていくものであること，また，幼児の生活経験がそれぞれ異なることなどを考慮して，幼児一人一人の特性に応じ，発達の課題に即した指導を行うようにすること。

　その際，教師は，幼児の主体的な活動が確保されるよう幼児一人一人の行動の理解と予想に基づき，計画的に環境を構成しなければならない。この場合において，教師は，幼児と人やものとの関わりが重要であることを踏まえ，教材を工夫し，物的・空間的環境を構成しなければならない。また，幼児一人一人の活動の場面に応じて，様々な役割を果たし，その活動を豊かにしなければならない。

第2　幼稚園教育において育みたい資質・能力及び「幼児期の終わりまでに育ってほしい姿」

1　幼稚園においては，生きる力の基礎を育むため，この章の第1に示す幼稚園教育の基本を踏まえ，次に掲げる資質・能力を一体的に育むよう努めるものとする。
　(1)　豊かな体験を通じて，感じたり，気付いたり，分かったり，できるようになったりする「知識及び技能の基礎」
　(2)　気付いたことや，できるようになったことなどを使い，考えたり，試したり，工夫したり，表現したりする「思考力，判断力，表現力等の基礎」
　(3)　心情，意欲，態度が育つ中で，よりよい生活を営もうとする「学びに向かう力，人間性等」
2　1に示す資質・能力は，第2章に示すねらい及び内容に基づく活動全体によって育むものである。
3　次に示す「幼児期の終わりまでに育ってほしい姿」は，第2章に示すねらい及び内容に基づく活動全体を通して資質・能力が育まれている幼児の幼稚園修了時の具体的な姿であり，教師が指導を行う際に考慮するものである。
　(1)　健康な心と体
　　　幼稚園生活の中で，充実感をもって自分のやりたいことに向かって心と体を十分に働かせ，見通しをもって行動し，自ら健康で安全な生活をつくり出すようになる。
　(2)　自立心
　　　身近な環境に主体的に関わり様々な活動を楽しむ中で，しなければならないことを自覚し，自分の力で行うために考えたり，工夫したりしながら，諦めずにやり遂げること

で達成感を味わい，自信をもって行動するようになる。
(3) 協同性
　友達と関わる中で，互いの思いや考えなどを共有し，共通の目的の実現に向けて，考えたり，工夫したり，協力したりし，充実感をもってやり遂げるようになる。
(4) 道徳性・規範意識の芽生え
　友達と様々な体験を重ねる中で，してよいことや悪いことが分かり，自分の行動を振り返ったり，友達の気持ちに共感したりし，相手の立場に立って行動するようになる。また，きまりを守る必要性が分かり，自分の気持ちを調整し，友達と折り合いを付けながら，きまりをつくったり，守ったりするようになる。
(5) 社会生活との関わり
　家族を大切にしようとする気持ちをもつとともに，地域の身近な人と触れ合う中で，人との様々な関わり方に気付き，相手の気持ちを考えて関わり，自分が役に立つ喜びを感じ，地域に親しみをもつようになる。また，幼稚園内外の様々な環境に関わる中で，遊びや生活に必要な情報を取り入れ，情報に基づき判断したり，情報を伝え合ったり，活用したりするなど，情報を役立てながら活動するようになるとともに，公共の施設を大切に利用するなどして，社会とのつながりなどを意識するようになる。
(6) 思考力の芽生え
　身近な事象に積極的に関わる中で，物の性質や仕組みなどを感じ取ったり，気付いたりし，考えたり，予想したり，工夫したりするなど，多様な関わりを楽しむようになる。また，友達の様々な考えに触れる中で，自分と異なる考えがあることに気付き，自ら判断したり，考え直したりするなど，新しい考えを生み出す喜びを味わいながら，自分の考えをよりよいものにするようになる。
(7) 自然との関わり・生命尊重
　自然に触れて感動する体験を通して，自然の変化などを感じ取り，好奇心や探究心をもって考え言葉などで表現しながら，身近な事象への関心が高まるとともに，自然への愛情や畏敬の念をもつようになる。また，身近な動植物に心を動かされる中で，生命の不思議さや尊さに気付き，身近な動植物への接し方を考え，命あるものとしていたわり，大切にする気持ちをもって関わるようになる。
(8) 数量や図形，標識や文字などへの関心・感覚
　遊びや生活の中で，数量や図形，標識や文字などに親しむ体験を重ねたり，標識や文字の役割に気付いたりし，自らの必要感に基づきこれらを活用し，興味や関心，感覚をもつようになる。
(9) 言葉による伝え合い
　先生や友達と心を通わせる中で，絵本や物語などに親しみながら，豊かな言葉や表現を身に付け，経験したことや考えたことなどを言葉で伝えたり，相手の話を注意して聞いたりし，言葉による伝え合いを楽しむようになる。
(10) 豊かな感性と表現
　心を動かす出来事などに触れ感性を働かせる中で，様々な素材の特徴や表現の仕方などに気付き，感じたことや考えたことを自分で表現したり，友達同士で表現する過程を楽しんだりし，表現する喜びを味わい，意欲をもつようになる。

第3　教育課程の役割と編成等
1　教育課程の役割
　各幼稚園においては，教育基本法及び学校教育法その他の法令並びにこの幼稚園教育要領の示すところに従い，創意工夫を生かし，幼児の心身の発達と幼稚園及び地域の実態に即応した適切な教育課程を編成するものとする。
　また，各幼稚園においては，6に示す全体的な計画にも留意しながら，「幼児期の終わりまでに育ってほしい姿」を踏まえ教育課程を編成すること，教育課程の実施状況を評価し

てその改善を図っていくこと，教育課程の実施に必要な人的又は物的な体制を確保するとともにその改善を図っていくことなどを通して，教育課程に基づき組織的かつ計画的に各幼稚園の教育活動の質の向上を図っていくこと（以下「カリキュラム・マネジメント」という。）に努めるものとする。

2　各幼稚園の教育目標と教育課程の編成

　教育課程の編成に当たっては，幼稚園教育において育みたい資質・能力を踏まえつつ，各幼稚園の教育目標を明確にするとともに，教育課程の編成についての基本的な方針が家庭や地域とも共有されるよう努めるものとする。

3　教育課程の編成上の基本的事項

(1)　幼稚園生活の全体を通して第2章に示すねらいが総合的に達成されるよう，教育課程に係る教育期間や幼児の生活経験や発達の過程などを考慮して具体的なねらいと内容を組織するものとする。この場合においては，特に，自我が芽生え，他者の存在を意識し，自己を抑制しようとする気持ちが生まれる幼児期の発達の特性を踏まえ，入園から修了に至るまでの長期的な視野をもって充実した生活が展開できるように配慮するものとする。

(2)　幼稚園の毎学年の教育課程に係る教育週数は，特別の事情のある場合を除き，39週を下ってはならない。

(3)　幼稚園の1日の教育課程に係る教育時間は，4時間を標準とする。ただし，幼児の心身の発達の程度や季節などに適切に配慮するものとする。

4　教育課程の編成上の留意事項

　教育課程の編成に当たっては，次の事項に留意するものとする。

(1)　幼児の生活は，入園当初の一人一人の遊びや教師との触れ合いを通して幼稚園生活に親しみ，安定していく時期から，他の幼児との関わりの中で幼児の主体的な活動が深まり，幼児が互いに必要な存在であることを認識するようになり，やがて幼児同士や学級全体で目的をもって協同して幼稚園生活を展開し，深めていく時期などに至るまでの過程を様々に経ながら広げられていくものであることを考慮し，活動がそれぞれの時期にふさわしく展開されるようにすること。

(2)　入園当初，特に，3歳児の入園については，家庭との連携を緊密にし，生活のリズムや安全面に十分配慮すること。また，満3歳児については，学年の途中から入園することを考慮し，幼児が安心して幼稚園生活を過ごすことができるよう配慮すること。

(3)　幼稚園生活が幼児にとって安全なものとなるよう，教職員による協力体制の下，幼児の主体的な活動を大切にしつつ，園庭や園舎などの環境の配慮や指導の工夫を行うこと。

5　小学校教育との接続に当たっての留意事項

(1)　幼稚園においては，幼稚園教育が，小学校以降の生活や学習の基盤の育成につながることに配慮し，幼児期にふさわしい生活を通して，創造的な思考や主体的な生活態度などの基礎を培うようにするものとする。

(2)　幼稚園教育において育まれた資質・能力を踏まえ，小学校教育が円滑に行われるよう，小学校の教師との意見交換や合同の研究の機会などを設け，「幼児期の終わりまでに育ってほしい姿」を共有するなど連携を図り，幼稚園教育と小学校教育との円滑な接続を図るよう努めるものとする。

6　全体的な計画の作成

　各幼稚園においては，教育課程を中心に，第3章に示す教育課程に係る教育時間の終了後等に行う教育活動の計画，学校保健計画，学校安全計画などとを関連させ，一体的に教育活動が展開されるよう全体的な計画を作成するものとする。

第4　指導計画の作成と幼児理解に基づいた評価

1　指導計画の考え方

　幼稚園教育は，幼児が自ら意欲をもって環境と関わることによりつくり出される具体的

な活動を通して，その目標の達成を図るものである。
　幼稚園においてはこのことを踏まえ，幼児期にふさわしい生活が展開され，適切な指導が行われるよう，それぞれの幼稚園の教育課程に基づき，調和のとれた組織的，発展的な指導計画を作成し，幼児の活動に沿った柔軟な指導を行わなければならない。

2　**指導計画の作成上の基本的事項**
(1)　指導計画は，幼児の発達に即して一人一人の幼児が幼児期にふさわしい生活を展開し，必要な体験を得られるようにするために，具体的に作成するものとする。
(2)　指導計画の作成に当たっては，次に示すところにより，具体的なねらい及び内容を明確に設定し，適切な環境を構成することなどにより活動が選択・展開されるようにするものとする。
　ア　具体的なねらい及び内容は，幼稚園生活における幼児の発達の過程を見通し，幼児の生活の連続性，季節の変化などを考慮して，幼児の興味や関心，発達の実情などに応じて設定すること。
　イ　環境は，具体的なねらいを達成するために適切なものとなるように構成し，幼児が自らその環境に関わることにより様々な活動を展開しつつ必要な体験を得られるようにすること。その際，幼児の生活する姿や発想を大切にし，常にその環境が適切なものとなるようにすること。
　ウ　幼児の行う具体的な活動は，生活の流れの中で様々に変化するものであることに留意し，幼児が望ましい方向に向かって自ら活動を展開していくことができるよう必要な援助をすること。
　その際，幼児の実態及び幼児を取り巻く状況の変化などに即して指導の過程についての評価を適切に行い，常に指導計画の改善を図るものとする。

3　**指導計画の作成上の留意事項**
指導計画の作成に当たっては，次の事項に留意するものとする。
(1)　長期的に発達を見通した年，学期，月などにわたる長期の指導計画やこれとの関連を保ちながらより具体的な幼児の生活に即した週，日などの短期の指導計画を作成し，適切な指導が行われるようにすること。特に，週，日などの短期の指導計画については，幼児の生活のリズムに配慮し，幼児の意識や興味の連続性のある活動が相互に関連して幼稚園生活の自然な流れの中に組み込まれるようにすること。
(2)　幼児が様々な人やものとの関わりを通して，多様な体験をし，心身の調和のとれた発達を促すようにしていくこと。その際，幼児の発達に即して主体的・対話的で深い学びが実現するようにするとともに，心を動かされる体験が次の活動を生み出すことを考慮し，一つ一つの体験が相互に結び付き，幼稚園生活が充実するようにすること。
(3)　言語に関する能力の発達と思考力等の発達が関連していることを踏まえ，幼稚園生活全体を通して，幼児の発達を踏まえた言語環境を整え，言語活動の充実を図ること。
(4)　幼児が次の活動への期待や意欲をもつことができるよう，幼児の実態を踏まえながら，教師や他の幼児と共に遊びや生活の中で見通しをもったり，振り返ったりするよう工夫すること。
(5)　行事の指導に当たっては，幼稚園生活の自然の流れの中で生活に変化や潤いを与え，幼児が主体的に楽しく活動できるようにすること。なお，それぞれの行事についてはその教育的価値を十分検討し，適切なものを精選し，幼児の負担にならないようにすること。
(6)　幼児期は直接的な体験が重要であることを踏まえ，視聴覚教材やコンピュータなど情報機器を活用する際には，幼稚園生活では得難い体験を補完するなど，幼児の体験との関連を考慮すること。
(7)　幼児の主体的な活動を促すためには，教師が多様な関わりをもつことが重要であることを踏まえ，教師は，理解者，共同作業者など様々な役割を果たし，幼児の発達に必要な豊かな体験が得られるよう，活動の場面に応じて，適切な指導を行うようにすること。

(8) 幼児の行う活動は，個人，グループ，学級全体などで多様に展開されるものであることを踏まえ，幼稚園全体の教師による協力体制を作りながら，一人一人の幼児が興味や欲求を十分に満足させるよう適切な援助を行うようにすること。
4 幼児理解に基づいた評価の実施
 幼児一人一人の発達の理解に基づいた評価の実施に当たっては，次の事項に配慮するものとする。
(1) 指導の過程を振り返りながら幼児の理解を進め，幼児一人一人のよさや可能性などを把握し，指導の改善に生かすようにすること。その際，他の幼児との比較や一定の基準に対する達成度についての評定によって捉えるものではないことに留意すること。
(2) 評価の妥当性や信頼性が高められるよう創意工夫を行い，組織的かつ計画的な取組を推進するとともに，次年度又は小学校等にその内容が適切に引き継がれるようにすること。

第5 特別な配慮を必要とする幼児への指導
1 障害のある幼児などへの指導
 障害のある幼児などへの指導に当たっては，集団の中で生活することを通して全体的な発達を促していくことに配慮し，特別支援学校などの助言又は援助を活用しつつ，個々の幼児の障害の状態などに応じた指導内容や指導方法の工夫を組織的かつ計画的に行うものとする。また，家庭，地域及び医療や福祉，保健等の業務を行う関係機関との連携を図り，長期的な視点で幼児への教育的支援を行うために，個別の教育支援計画を作成し活用することに努めるとともに，個々の幼児の実態を的確に把握し，個別の指導計画を作成し活用することに努めるものとする。
2 海外から帰国した幼児や生活に必要な日本語の習得に困難のある幼児の幼稚園生活への適応海外から帰国した幼児や生活に必要な日本語の習得に困難のある幼児については，安心して自己を発揮できるよう配慮するなど個々の幼児の実態に応じ，指導内容や指導方法の工夫を組織的かつ計画的に行うものとする

第6 幼稚園運営上の留意事項
1 各幼稚園においては，園長の方針の下に，園務分掌に基づき教職員が適切に役割を分担しつつ，相互に連携しながら，教育課程や指導の改善を図るものとする。また，各幼稚園が行う学校評価については，教育課程の編成，実施，改善が教育活動や幼稚園運営の中核となることを踏まえ，カリキュラム・マネジメントと関連付けながら実施するよう留意するものとする。
2 幼児の生活は，家庭を基盤として地域社会を通じて次第に広がりをもつものであることに留意し，家庭との連携を十分に図るなど，幼稚園における生活が家庭や地域社会と連続性を保ちつつ展開されるようにするものとする。
 その際，地域の自然，高齢者や異年齢の子供などを含む人材，行事や公共施設などの地域の資源を積極的に活用し，幼児が豊かな生活体験を得られるように工夫するものとする。また，家庭との連携に当たっては，保護者との情報交換の機会を設けたり，保護者と幼児との活動の機会を設けたりなどすることを通じて，保護者の幼児期の教育に関する理解が深まるよう配慮するものとする。
3 地域や幼稚園の実態等により，幼稚園間に加え，保育所，幼保連携型認定こども園，小学校，中学校，高等学校及び特別支援学校などとの間の連携や交流を図るものとする。特に，幼稚園教育と小学校教育の円滑な接続のため，幼稚園の幼児と小学校の児童との交流の機会を積極的に設けるようにするものとする。また，障害のある幼児児童生徒との交流及び共同学習の機会を設け，共に尊重し合いながら協働して生活していく態度を育むよう努めるものとする。

第7　教育課程に係る教育時間終了後等に行う教育活動など
　幼稚園は、第3章に示す教育課程に係る教育時間の終了後等に行う教育活動について、学校教育法に規定する目的及び目標並びにこの章の第1に示す幼稚園教育の基本を踏まえ実施するものとする。また、幼稚園の目的の達成に資するため、幼児の生活全体が豊かなものとなるよう家庭や地域における幼児期の教育の支援に努めるものとする。

第2章　ねらい及び内容
　この章に示すねらいは、幼稚園教育において育みたい資質・能力を幼児の生活する姿から捉えたものであり、内容は、ねらいを達成するために指導する事項である。各領域は、これらを幼児の発達の側面から、心身の健康に関する領域「健康」、人との関わりに関する領域「人間関係」、身近な環境との関わりに関する領域「環境」、言葉の獲得に関する領域「言葉」及び感性と表現に関する領域「表現」としてまとめ、示したものである。内容の取扱いは、幼児の発達を踏まえた指導を行うに当たって留意すべき事項である。
　各領域に示すねらいは、幼稚園における生活の全体を通じ、幼児が様々な体験を積み重ねる中で相互に関連をもちながら次第に達成に向かうものであること、内容は、幼児が環境に関わって展開する具体的な活動を通して総合的に指導されるものであることに留意しなければならない。
　また、「幼児期の終わりまでに育ってほしい姿」が、ねらい及び内容に基づく活動全体を通して資質・能力が育まれている幼児の幼稚園修了時の具体的な姿であることを踏まえ、指導を行う際に考慮するものとする。
　なお、特に必要な場合には、各領域に示すねらいの趣旨に基づいて適切な、具体的な内容を工夫し、それを加えても差し支えないが、その場合には、それが第1章の第1に示す幼稚園教育の基本を逸脱しないよう慎重に配慮する必要がある。

健康
〔健康な心と体を育て、自ら健康で安全な生活をつくり出す力を養う。〕
1　ねらい
　(1)　明るく伸び伸びと行動し、充実感を味わう。
　(2)　自分の体を十分に動かし、進んで運動しようとする。
　(3)　健康、安全な生活に必要な習慣や態度を身に付け、見通しをもって行動する。
2　内容
　(1)　先生や友達と触れ合い、安定感をもって行動する。
　(2)　いろいろな遊びの中で十分に体を動かす。
　(3)　進んで戸外で遊ぶ。
　(4)　様々な活動に親しみ、楽しんで取り組む。
　(5)　先生や友達と食べることを楽しみ、食べ物への興味や関心をもつ。
　(6)　健康な生活のリズムを身に付ける。
　(7)　身の回りを清潔にし、衣服の着脱、食事、排泄などの生活に必要な活動を自分でする。
　(8)　幼稚園における生活の仕方を知り、自分たちで生活の場を整えながら見通しをもって行動する。
　(9)　自分の健康に関心をもち、病気の予防などに必要な活動を進んで行う。
　(10)　危険な場所、危険な遊び方、災害時などの行動の仕方が分かり、安全に気を付けて行動する。
3　内容の取扱い
　上記の取扱いに当たっては、次の事項に留意する必要がある。
　(1)　心と体の健康は、相互に密接な関連があるものであることを踏まえ、幼児が教師や他の幼児との温かい触れ合いの中で自己の存在感や充実感を味わうことなどを基盤として、しなやかな心と体の発達を促すこと。特に、十分に体を動かす気持ちよさを体験し、自

幼稚園教育要領

ら体を動かそうとする意欲が育つようにすること。
(2) 様々な遊びの中で，幼児が興味や関心，能力に応じて全身を使って活動することにより，体を動かす楽しさを味わい，自分の体を大切にしようとする気持ちが育つようにすること。その際，多様な動きを経験する中で，体の動きを調整するようにすること。
(3) 自然の中で伸び伸びと体を動かして遊ぶことにより，体の諸機能の発達が促されることに留意し，幼児の興味や関心が戸外にも向くようにすること。
その際，幼児の動線に配慮した園庭や遊具の配置などを工夫すること。
(4) 健康な心と体を育てるためには食育を通じた望ましい食習慣の形成が大切であることを踏まえ，幼児の食生活の実情に配慮し，和やかな雰囲気の中で教師や他の幼児と食べる喜びや楽しさを味わったり，様々な食べ物への興味や関心をもったりするなどし，食の大切さに気付き，進んで食べようとする気持ちが育つようにすること。
(5) 基本的な生活習慣の形成に当たっては，家庭での生活経験に配慮し，幼児の自立心を育て，幼児が他の幼児と関わりながら主体的な活動を展開する中で，生活に必要な習慣を身に付け，次第に見通しをもって行動できるようにすること。
(6) 安全に関する指導に当たっては，情緒の安定を図り，遊びを通して安全についての構えを身に付け，危険な場所や事物などが分かり，安全についての理解を深めるようにすること。また，交通安全の習慣を身に付けるようにするとともに，避難訓練などを通して，災害などの緊急時に適切な行動がとれるようにすること。

人間関係
〔他の人々と親しみ，支え合って生活するために，自立心を育て，人と関わる力を養う。〕
1 ねらい
(1) 幼稚園生活を楽しみ，自分の力で行動することの充実感を味わう。
(2) 身近な人と親しみ，関わりを深め，工夫したり，協力したりして一緒に活動する楽しさを味わい，愛情や信頼感をもつ。
(3) 社会生活における望ましい習慣や態度を身に付ける。
2 内容
(1) 先生や友達と共に過ごすことの喜びを味わう。
(2) 自分で考え，自分で行動する。
(3) 自分でできることは自分でする。
(4) いろいろな遊びを楽しみながら物事をやり遂げようとする気持ちをもつ。
(5) 友達と積極的に関わりながら喜びや悲しみを共感し合う。
(6) 自分の思ったことを相手に伝え，相手の思っていることに気付く。
(7) 友達のよさに気付き，一緒に活動する楽しさを味わう。
(8) 友達と楽しく活動する中で，共通の目的を見いだし，工夫したり，協力したりなどする。
(9) よいことや悪いことがあることに気付き，考えながら行動する。
(10) 友達との関わりを深め，思いやりをもつ。
(11) 友達と楽しく生活する中できまりの大切さに気付き，守ろうとする。
(12) 共同の遊具や用具を大切にし，皆で使う。
(13) 高齢者をはじめ地域の人々などの自分の生活に関係の深いいろいろな人に親しみをもつ。
3 内容の取扱い
上記の取扱いに当たっては，次の事項に留意する必要がある。
(1) 教師との信頼関係に支えられて自分自身の生活を確立していくことが人と関わる基盤となることを考慮し，幼児が自ら周囲に働き掛けることにより多様な感情を体験し，試行錯誤しながら諦めずにやり遂げることの達成感や，前向きな見通しをもって自分の力で行うことの充実感を味わうことができるよう，幼児の行動を見守りながら適切な援助

を行うようにすること。
(2) 一人一人を生かした集団を形成しながら人と関わる力を育てていくようにすること。その際，集団の生活の中で，幼児が自己を発揮し，教師や他の幼児に認められる体験をし，自分のよさや特徴に気付き，自信をもって行動できるようにすること。
(3) 幼児が互いに関わりを深め，協同して遊ぶようになるため，自ら行動する力を育てるようにするとともに，他の幼児と試行錯誤しながら活動を展開する楽しさや共通の目的が実現する喜びを味わうことができるようにすること。
(4) 道徳性の芽生えを培うに当たっては，基本的な生活習慣の形成を図るとともに，幼児が他の幼児との関わりの中で他人の存在に気付き，相手を尊重する気持ちをもって行動できるようにし，また，自然や身近な動植物に親しむことなどを通して豊かな心情が育つようにすること。特に，人に対する信頼感や思いやりの気持ちは，葛藤やつまずきをも体験し，それらを乗り越えることにより次第に芽生えてくることに配慮すること。
(5) 集団の生活を通して，幼児が人との関わりを深め，規範意識の芽生えが培われることを考慮し，幼児が教師との信頼関係に支えられて自己を発揮する中で，互いに思いを主張し，折り合いを付ける体験をし，きまりの必要性などに気付き，自分の気持ちを調整する力が育つようにすること。
(6) 高齢者をはじめ地域の人々などの自分の生活に関係の深いいろいろな人と触れ合い，自分の感情や意志を表現しながら共に楽しみ，共感し合う体験を通して，これらの人々などに親しみをもち，人と関わることの楽しさや人の役に立つ喜びを味わうことができるようにすること。また，生活を通して親や祖父母などの家族の愛情に気付き，家族を大切にしようとする気持ちが育つようにすること。

環境
〔周囲の様々な環境に好奇心や探究心をもって関わり，それらを生活に取り入れていこうとする力を養う。〕
1　ねらい
(1) 身近な環境に親しみ，自然と触れ合う中で様々な事象に興味や関心をもつ。
(2) 身近な環境に自分から関わり，発見を楽しんだり，考えたりし，それを生活に取り入れようとする。
(3) 身近な事象を見たり，考えたり，扱ったりする中で，物の性質や数量，文字などに対する感覚を豊かにする。
2　内容
(1) 自然に触れて生活し，その大きさ，美しさ，不思議さなどに気付く。
(2) 生活の中で，様々な物に触れ，その性質や仕組みに興味や関心をもつ。
(3) 季節により自然や人間の生活に変化のあることに気付く。
(4) 自然などの身近な事象に関心をもち，取り入れて遊ぶ。
(5) 身近な動植物に親しみをもって接し，生命の尊さに気付き，いたわったり，大切にしたりする。
(6) 日常生活の中で，我が国や地域社会における様々な文化や伝統に親しむ。
(7) 身近な物を大切にする。
(8) 身近な物や遊具に興味をもって関わり，自分なりに比べたり，関連付けたりしながら考えたり，試したりして工夫して遊ぶ。
(9) 日常生活の中で数量や図形などに関心をもつ。
(10) 日常生活の中で簡単な標識や文字などに関心をもつ。
(11) 生活に関係の深い情報や施設などに興味や関心をもつ。
(12) 幼稚園内外の行事において国旗に親しむ。
3　内容の取扱い
　上記の取扱いに当たっては，次の事項に留意する必要がある。

(1)　幼児が，遊びの中で周囲の環境と関わり，次第に周囲の世界に好奇心を抱き，その意味や操作の仕方に関心をもち，物事の法則性に気付き，自分なりに考えることができるようになる過程を大切にすること。また，他の幼児の考えなどに触れて新しい考えを生み出す喜びや楽しさを味わい，自分の考えをよりよいものにしようとする気持ちが育つようにすること。
　(2)　幼児期において自然のもつ意味は大きく，自然の大きさ，美しさ，不思議さなどに直接触れる体験を通して，幼児の心が安らぎ，豊かな感情，好奇心，思考力，表現力の基礎が培われることを踏まえ，幼児が自然との関わりを深めることができるよう工夫すること。
　(3)　身近な事象や動植物に対する感動を伝え合い，共感し合うことなどを通して自分から関わろうとする意欲を育てるとともに，様々な関わり方を通してそれらに対する親しみや畏敬の念，生命を大切にする気持ち，公共心，探究心などが養われるようにすること。
　(4)　文化や伝統に親しむ際には，正月や節句など我が国の伝統的な行事，国歌，唱歌，わらべうたや我が国の伝統的な遊びに親しんだり，異なる文化に触れる活動に親しんだりすることを通じて，社会とのつながりの意識や国際理解の意識の芽生えなどが養われるようにすること。
　(5)　数量や文字などに関しては，日常生活の中で幼児自身の必要感に基づく体験を大切にし，数量や文字などに関する興味や関心，感覚が養われるようにすること。

言葉
〔経験したことや考えたことなどを自分なりの言葉で表現し，相手の話す言葉を聞こうとする意欲や態度を育て，言葉に対する感覚や言葉で表現する力を養う。〕
1　ねらい
　(1)　自分の気持ちを言葉で表現する楽しさを味わう。
　(2)　人の言葉や話などをよく聞き，自分の経験したことや考えたことを話し，伝え合う喜びを味わう。
　(3)　日常生活に必要な言葉が分かるようになるとともに，絵本や物語などに親しみ，言葉に対する感覚を豊かにし，先生や友達と心を通わせる。
2　内容
　(1)　先生や友達の言葉や話に興味や関心をもち，親しみをもって聞いたり，話したりする。
　(2)　したり，見たり，聞いたり，感じたり，考えたりなどしたことを自分なりに言葉で表現する。
　(3)　したいこと，してほしいことを言葉で表現したり，分からないことを尋ねたりする。
　(4)　人の話を注意して聞き，相手に分かるように話す。
　(5)　生活の中で必要な言葉が分かり，使う。
　(6)　親しみをもって日常の挨拶をする。
　(7)　生活の中で言葉の楽しさや美しさに気付く。
　(8)　いろいろな体験を通じてイメージや言葉を豊かにする。
　(9)　絵本や物語などに親しみ，興味をもって聞き，想像をする楽しさを味わう。
　(10)　日常生活の中で，文字などで伝える楽しさを味わう。
3　内容の取扱い
　上記の取扱いに当たっては，次の事項に留意する必要がある。
　(1)　言葉は，身近な人に親しみをもって接し，自分の感情や意志などを伝え，それに相手が応答し，その言葉を聞くことを通して次第に獲得されていくものであることを考慮して，幼児が教師や他の幼児と関わることにより心を動かされるような体験をし，言葉を交わす喜びを味わえるようにすること。
　(2)　幼児が自分の思いを言葉で伝えるとともに，教師や他の幼児などの話を興味をもって注意して聞くことを通して次第に話を理解するようになっていき，言葉による伝え合い

ができるようにすること。
(3) 絵本や物語などで，その内容と自分の経験とを結び付けたり，想像を巡らせたりするなど，楽しみを十分に味わうことによって，次第に豊かなイメージをもち，言葉に対する感覚が養われるようにすること。
(4) 幼児が生活の中で，言葉の響きやリズム，新しい言葉や表現などに触れ，これらを使う楽しさを味わえるようにすること。その際，絵本や物語に親しんだり，言葉遊びなどをしたりすることを通して，言葉が豊かになるようにすること。
(5) 幼児が日常生活の中で，文字などを使いながら思ったことや考えたことを伝える喜びや楽しさを味わい，文字に対する興味や関心をもつようにすること。

表現
〔感じたことや考えたことを自分なりに表現することを通して，豊かな感性や表現する力を養い，創造性を豊かにする。〕
1 ねらい
(1) いろいろなものの美しさなどに対する豊かな感性をもつ。
(2) 感じたことや考えたことを自分なりに表現して楽しむ。
(3) 生活の中でイメージを豊かにし，様々な表現を楽しむ。
2 内容
(1) 生活の中で様々な音，形，色，手触り，動きなどに気付いたり，感じたりするなどして楽しむ。
(2) 生活の中で美しいものや心を動かす出来事に触れ，イメージを豊かにする。
(3) 様々な出来事の中で，感動したことを伝え合う楽しさを味わう。
(4) 感じたこと，考えたことなどを音や動きなどで表現したり，自由にかいたり，つくったりなどする。
(5) いろいろな素材に親しみ，工夫して遊ぶ。
(6) 音楽に親しみ，歌を歌ったり，簡単なリズム楽器を使ったりなどする楽しさを味わう。
(7) かいたり，つくったりすることを楽しみ，遊びに使ったり，飾ったりなどする。
(8) 自分のイメージを動きや言葉などで表現したり，演じて遊んだりするなどの楽しさを味わう。
3 内容の取扱い
上記の取扱いに当たっては，次の事項に留意する必要がある。
(1) 豊かな感性は，身近な環境と十分に関わる中で美しいもの，優れたもの，心を動かす出来事などに出会い，そこから得た感動を他の幼児や教師と共有し，様々に表現することなどを通して養われるようにすること。その際，風の音や雨の音，身近にある草や花の形や色など自然の中にある音，形，色などに気付くようにすること。
(2) 幼児の自己表現は素朴な形で行われることが多いので，教師はそのような表現を受容し，幼児自身の表現しようとする意欲を受け止めて，幼児が生活の中で幼児らしい様々な表現を楽しむことができるようにすること。
(3) 生活経験や発達に応じ，自ら様々な表現を楽しみ，表現する意欲を十分に発揮させることができるように，遊具や用具などを整えたり，様々な素材や表現の仕方に親しんだり，他の幼児の表現に触れられるよう配慮したりし，表現する過程を大切にして自己表現を楽しめるように工夫すること。

※ 幼稚園教育要領は，前文と全体は3章で構成されている。
※ 本幼稚園教育要領は平成29年3月に告示されたものである。

保育所保育指針

第1章　総則

　この指針は、児童福祉施設の設備及び運営に関する基準（昭和23年厚生省令第63号。以下「設備運営基準」という。）第35条の規定に基づき、保育所における保育の内容に関する事項及びこれに関連する運営に関する事項を定めるものである。各保育所は、この指針において規定される保育の内容に係る基本原則に関する事項等を踏まえ、各保育所の実情に応じて創意工夫を図り、保育所の機能及び質の向上に努めなければならない。

1　保育所保育に関する基本原則
  (1)　保育所の役割
  　ア　保育所は、児童福祉法（昭和22年法律第164号）第39条の規定に基づき、保育を必要とする子どもの保育を行い、その健全な心身の発達を図ることを目的とする児童福祉施設であり、入所する子どもの最善の利益を考慮し、その福祉を積極的に増進することに最もふさわしい生活の場でなければならない。
  　イ　保育所は、その目的を達成するために、保育に関する専門性を有する職員が、家庭との緊密な連携の下に、子どもの状況や発達過程を踏まえ、保育所における環境を通して、養護及び教育を一体的に行うことを特性としている。
  　ウ　保育所は、入所する子どもを保育するとともに、家庭や地域の様々な社会資源との連携を図りながら、入所する子どもの保護者に対する支援及び地域の子育て家庭に対する支援等を行う役割を担うものである。
  　エ　保育所における保育士は、児童福祉法第18条の4の規定を踏まえ、保育所の役割及び機能が適切に発揮されるように、倫理観に裏付けられた専門的知識、技術及び判断をもって、子どもを保育するとともに、子どもの保護者に対する保育に関する指導を行うものであり、その職責を遂行するための専門性の向上に絶えず努めなければならない。
  (2)　保育の目標
  　ア　保育所は、子どもが生涯にわたる人間形成にとって極めて重要な時期に、その生活時間の大半を過ごす場である。このため、保育所の保育は、子どもが現在を最も良く生き、望ましい未来をつくり出す力の基礎を培うために、次の目標を目指して行わなければならない。
  　　(ｱ)　十分に養護の行き届いた環境の下に、くつろいだ雰囲気の中で子どもの様々な欲求を満たし、生命の保持及び情緒の安定を図ること。
  　　(ｲ)　健康、安全など生活に必要な基本的な習慣や態度を養い、心身の健康の基礎を培うこと。
  　　(ｳ)　人との関わりの中で、人に対する愛情と信頼感、そして人権を大切にする心を育てるとともに、自主、自立及び協調の態度を養い、道徳性の芽生えを培うこと。
  　　(ｴ)　生命、自然及び社会の事象についての興味や関心を育て、それらに対する豊かな心情や思考力の芽生えを培うこと。
  　　(ｵ)　生活の中で、言葉への興味や関心を育て、話したり、聞いたり、相手の話を理解しようとするなど、言葉の豊かさを養うこと。
  　　(ｶ)　様々な体験を通して、豊かな感性や表現力を育み、創造性の芽生えを培うこと。
  　イ　保育所は、入所する子どもの保護者に対し、その意向を受け止め、子どもと保護者の安定した関係に配慮し、保育所の特性や保育士等の専門性を生かして、その援助に当たらなければならない。
  (3)　保育の方法
  　保育の目標を達成するために、保育士等は、次の事項に留意して保育しなければならな

い。
　　ア　一人一人の子どもの状況や家庭及び地域社会での生活の実態を把握するとともに，子どもが安心感と信頼感をもって活動できるよう，子どもの主体としての思いや願いを受け止めること。
　　イ　子どもの生活のリズムを大切にし，健康，安全で情緒の安定した生活ができる環境や，自己を十分に発揮できる環境を整えること。
　　ウ　子どもの発達について理解し，一人一人の発達過程に応じて保育すること。その際，子どもの個人差に十分配慮すること。
　　エ　子ども相互の関係づくりや互いに尊重する心を大切にし，集団における活動を効果あるものにするよう援助すること。
　　オ　子どもが自発的・意欲的に関われるような環境を構成し，子どもの主体的な活動や子ども相互の関わりを大切にすること。特に，乳幼児期にふさわしい体験が得られるように，生活や遊びを通して総合的に保育すること。
　　カ　一人一人の保護者の状況やその意向を理解，受容し，それぞれの親子関係や家庭生活等に配慮しながら，様々な機会をとらえ，適切に援助すること。
　(4)　保育の環境
　　保育の環境には，保育士等や子どもなどの人的環境，施設や遊具などの物的環境，更には自然や社会の事象などがある。保育所は，こうした人，物，場などの環境が相互に関連し合い，子どもの生活が豊かなものとなるよう，次の事項に留意しつつ，計画的に環境を構成し，工夫して保育しなければならない。
　　ア　子ども自らが環境に関わり，自発的に活動し，様々な経験を積んでいくことができるよう配慮すること。
　　イ　子どもの活動が豊かに展開されるよう，保育所の設備や環境を整え，保育所の保健的環境や安全の確保などに努めること。
　　ウ　保育室は，温かな親しみとくつろぎの場となるとともに，生き生きと活動できる場となるように配慮すること。
　　エ　子どもが人と関わる力を育てていくため，子ども自らが周囲の子どもや大人と関わっていくことができる環境を整えること。
　(5)　保育所の社会的責任
　　ア　保育所は，子どもの人権に十分配慮するとともに，子ども一人一人の人格を尊重して保育を行わなければならない。
　　イ　保育所は，地域社会との交流や連携を図り，保護者や地域社会に，当該保育所が行う保育の内容を適切に説明するよう努めなければならない。
　　ウ　保育所は，入所する子ども等の個人情報を適切に取り扱うとともに，保護者の苦情などに対し，その解決を図るよう努めなければならない。

2　養護に関する基本的事項
　(1)　養護の理念
　　保育における養護とは，子どもの生命の保持及び情緒の安定を図るために保育士等が行う援助や関わりであり，保育所における保育は，養護及び教育を一体的に行うことをその特性とするものである。保育所における保育全体を通じて，養護に関するねらい及び内容を踏まえた保育が展開されなければならない。
　(2)　養護に関わるねらい及び内容
　　ア　生命の保持
　　　(ｱ)　ねらい
　　　　①　一人一人の子どもが，快適に生活できるようにする。
　　　　②　一人一人の子どもが，健康で安全に過ごせるようにする。
　　　　③　一人一人の子どもの生理的欲求が，十分に満たされるようにする。

　　　　④　一人一人の子どもの健康増進が，積極的に図られるようにする。
　　(イ)　内容
　　　　①　一人一人の子どもの平常の健康状態や発育及び発達状態を的確に把握し，異常を感じる場合は，速やかに適切に対応する。
　　　　②　家庭との連携を密にし，嘱託医等との連携を図りながら，子どもの疾病や事故防止に関する認識を深め，保健的で安全な保育環境の維持及び向上に努める。
　　　　③　清潔で安全な環境を整え，適切な援助や応答的な関わりを通して子どもの生理的欲求を満たしていく。また，家庭と協力しながら，子どもの発達過程等に応じた適切な生活のリズムがつくられていくようにする。
　　　　④　子どもの発達過程等に応じて，適度な運動と休息を取ることができるようにする。また，食事，排泄，衣類の着脱，身の回りを清潔にすることなどについて，子どもが意欲的にせつに生活できるよう適切に援助する。
　　イ　情緒の安定
　　(ア)　ねらい
　　　　①　一人一人の子どもが，安定感をもって過ごせるようにする。
　　　　②　一人一人の子どもが，自分の気持ちを安心して表すことができるようにする。
　　　　③　一人一人の子どもが，周囲から主体として受け止められ，主体として育ち，自分を肯定する気持ちが育まれていくようにする。
　　　　④　一人一人の子どもがくつろいで共に過ごし，心身の疲れが癒されるようにする。
　　(イ)　内容
　　　　①　一人一人の子どもの置かれている状態や発達過程などを的確に把握し，子どもの欲求を適切に満たしながら，応答的な触れ合いや言葉がけを行う。
　　　　②　一人一人の子どもの気持ちを受容し，共感しながら，子どもとの継続的な信頼関係を築いていく。
　　　　③　保育士等との信頼関係を基盤に，一人一人の子どもが主体的に活動し，自発性や探索意欲などを高めるとともに，自分への自信をもつことができるよう成長の過程を見守り，適切に働きかける。
　　　　④　一人一人の子どもの生活のリズム，発達過程，保育時間などに応じて，活動内容のバランスや調和を図りながら，適切な食事や休息が取れるようにする。

3　保育の計画及び評価
(1)　全体的な計画の作成
　　ア　保育所は，1の(2)に示した保育の目標を達成するために，各保育所の保育の方針や目標に基づき，子どもの発達過程を踏まえて，保育の内容が組織的・計画的に構成され，保育所の生活の全体を通して，総合的に展開されるよう，全体的な計画を作成しなければならない。
　　イ　全体的な計画は，子どもや家庭の状況，地域の実態，保育時間などを考慮し，子どもの育ちに関する長期的見通しをもって適切に作成されなければならない。
　　ウ　全体的な計画は，保育所保育の全体像を包括的に示すものとし，これに基づく指導計画，保健計画，食育計画等を通じて，各保育所が創意工夫して保育できるよう，作成されなければならない。
(2)　指導計画の作成
　　ア　保育所は，全体的な計画に基づき，具体的な保育が適切に展開されるよう，子どもの生活や発達を見通した長期的な指導計画と，それに関連しながら，より具体的な子どもの日々の生活に即した短期的な指導計画を作成しなければならない。
　　イ　指導計画の作成に当たっては，第2章及びその他の関連する章に示された事項のほか，子ども一人一人の発達過程や状況を十分に踏まえるとともに，次の事項に留意しなければならない。

(ｱ)　3歳未満児については，一人一人の子どもの生育歴，心身の発達，活動の実態等に即して，個別的な計画を作成すること。
　　(ｲ)　3歳以上児については，個の成長と，子ども相互の関係や協同的な活動が促されるよう配慮すること。
　　(ｳ)　異年齢で構成される組やグループでの保育においては，一人一人の子どもの生活や経験，発達過程などを把握し，適切な援助や環境構成ができるよう配慮すること。
　ウ　指導計画においては，保育所の生活における子どもの発達過程を見通し，生活の連続性，季節の変化などを考慮し，子どもの実態に即した具体的なねらい及び内容を設定すること。また，具体的なねらいが達成されるよう，子どもの生活する姿や発想を大切にして適切な環境を構成し，子どもが主体的に活動できるようにすること。
　エ　一日の生活のリズムや在園時間が異なる子どもが共に過ごすことを踏まえ，活動と休息，緊張感と解放感等の調和を図るよう配慮すること。
　オ　午睡は生活のリズムを構成する重要な要素であり，安心して眠ることのできる安全な睡眠環境を確保するとともに，在園時間が異なることや，睡眠時間は子どもの発達の状況や個人によって差があることから，一律とならないよう配慮すること。
　カ　長時間にわたる保育については，子どもの発達過程，生活のリズム及び心身の状態に十分配慮して，保育の内容や方法，職員の協力体制，家庭との連携などを指導計画に位置付けること。
　キ　障害のある子どもの保育については，一人一人の子どもの発達過程や障害の状態を把握し，適切な環境の下で，障害のある子どもが他の子どもとの生活を通して共に成長できるよう，指導計画の中に位置付けること。また，子どもの状況に応じた保育を実施する観点から，家庭や関係機関と連携した支援のための計画を個別に作成するなど適切な対応を図ること。
(3)　**指導計画の展開**
　指導計画に基づく保育の実施に当たっては，次の事項に留意しなければならない。
　ア　施設長，保育士など，全職員による適切な役割分担と協力体制を整えること。
　イ　子どもが行う具体的な活動は，生活の中で様々に変化することに留意して，子どもが望ましい方向に向かって自ら活動を展開できるよう必要な援助を行うこと。
　ウ　子どもの主体的な活動を促すためには，保育士等が多様な関わりをもつことが重要であることを踏まえ，子どもの情緒の安定や発達に必要な豊かな体験が得られるよう援助すること。
　エ　保育士等は，子どもの実態や子どもを取り巻く状況の変化などに即して保育の過程を記録するとともに，これらを踏まえ，指導計画に基づく保育の内容の見直しを行い，改善を図ること。
(4)　**保育内容等の評価**
　ア　保育士等の自己評価
　　(ｱ)　保育士等は，保育の計画や保育の記録を通して，自らの保育実践を振り返り，自己評価することを通して，その専門性の向上や保育実践の改善に努めなければならない。
　　(ｲ)　保育士等による自己評価に当たっては，子どもの活動内容やその結果だけでなく，子どもの心の育ちや意欲，取り組む過程などにも十分配慮するよう留意すること。
　　(ｳ)　保育士等は，自己評価における自らの保育実践の振り返りや職員相互の話し合い等を通じて，専門性の向上及び保育の質の向上のための課題を明確にするとともに，保育所全体の保育の内容に関する認識を深めること。
　イ　保育所の自己評価
　　(ｱ)　保育所は，保育の質の向上を図るため，保育の計画の展開や保育士等の自己評価を踏まえ，当該保育所の保育の内容等について，自ら評価を行い，その結果を公表するよう努めなければならない。

(イ)　保育所が自己評価を行うに当たっては，地域の実情や保育所の実態に即して，適切に評価の観点や項目等を設定し，全職員による共通理解をもって取り組むよう留意すること。
　　　(ウ)　設備運営基準第36条の趣旨を踏まえ，保育の内容等の評価に関し，保護者及び地域住民等の意見を聴くことが望ましいこと。
　(5)　評価を踏まえた計画の改善
　　ア　保育所は，評価の結果を踏まえ，当該保育所の保育の内容等の改善を図ること。
　　イ　保育の計画に基づく保育，保育の内容の評価及びこれに基づく改善という一連の取組により，保育の質の向上が図られるよう，全職員が共通理解をもって取り組むことに留意すること。

4　幼児教育を行う施設として共有すべき事項
　(1)　育みたい資質・能力
　　ア　保育所においては，生涯にわたる生きる力の基礎を培うため，1の(2)に示す保育の目標を踏まえ，次に掲げる資質・能力を一体的に育むよう努めるものとする。
　　　(ア)　豊かな体験を通じて，感じたり，気付いたり，分かったり，できるようになったりする「知識及び技能の基礎」
　　　(イ)　気付いたことや，できるようになったことなどを使い，考えたり，試したり，工夫したり，表現したりする「思考力，判断力，表現力等の基礎」
　　　(ウ)　心情，意欲，態度が育つ中で，よりよい生活を営もうとする「学びに向かう力，人間性等」
　　イ　アに示す資質・能力は，第2章に示すねらい及び内容に基づく保育活動全体によって育むものである。
　(2)　幼児期の終わりまでに育ってほしい姿
　　次に示す「幼児期の終わりまでに育ってほしい姿」は，第2章に示すねらい及び内容に基づく保育活動全体を通して資質・能力が育まれている子どもの小学校就学時の具体的な姿であり，保育士等が指導を行う際に考慮するものである。
　　ア　健康な心と体
　　　保育所の生活の中で，充実感をもって自分のやりたいことに向かって心と体を十分に働かせ，見通しをもって行動し，自ら健康で安全な生活をつくり出すようになる。
　　イ　自立心
　　　身近な環境に主体的に関わり様々な活動を楽しむ中で，しなければならないことを自覚し，自分の力で行うために考えたり，工夫したりしながら，諦めずにやり遂げることで達成感を味わい，自信をもって行動するようになる。
　　ウ　協同性
　　　友達と関わる中で，互いの思いや考えなどを共有し，共通の目的の実現に向けて，考えたり，工夫したり，協力したりし，充実感をもってやり遂げるようになる。
　　エ　道徳性・規範意識の芽生え
　　　友達と様々な体験を重ねる中で，してよいことや悪いことが分かり，自分の行動を振り返ったり，友達の気持ちに共感したりし，相手の立場に立って行動するようになる。また，きまりを守る必要性が分かり，自分の気持ちを調整し，友達と折り合いを付けながら，きまりをつくったり，守ったりするようになる。
　　オ　社会生活との関わり
　　　家族を大切にしようとする気持ちをもつとともに，地域の身近な人と触れ合う中で，人との様々な関わり方に気付き，相手の気持ちを考えて関わり，自分が役に立つ喜びを感じ，地域に親しみをもつようになる。また，保育所内外の様々な環境に関わる中で，遊びや生活に必要な情報を取り入れ，情報に基づき判断したり，情報を伝え合ったり，活用したりするなど，情報を役立てながら活動するようになるとともに，公共の施設を

大切に利用するなどして，社会とのつながりなどを意識するようになる。
　カ　思考力の芽生え
　　身近な事象に積極的に関わる中で，物の性質や仕組みなどを感じ取ったり，気付いたりし，考えたり，予想したり，工夫したりするなど，多様な関わりを楽しむようになる。また，友達の様々な考えに触れる中で，自分と異なる考えがあることに気付き，自ら判断したり，考え直したりするなど，新しい考えを生み出す喜びを味わいながら，自分の考えをよりよいものにするようになる。
　キ　自然との関わり・生命尊重
　　自然に触れて感動する体験を通して，自然の変化などを感じ取り，好奇心や探究心をもって考え言葉などで表現しながら，身近な事象への関心が高まるとともに，自然への愛情や畏敬の念をもつようになる。また，身近な動植物に心を動かされる中で，生命の不思議さや尊さに気付き，身近な動植物への接し方を考え，命あるものとしていたわり，大切にする気持ちをもって関わるようになる。
　ク　数量や図形，標識や文字などへの関心・感覚
　　遊びや生活の中で，数量や図形，標識や文字などに親しむ体験を重ねたり，標識や文字の役割に気付いたりし，自らの必要感に基づきこれらを活用し，興味や関心，感覚をもつようになる。
　ケ　言葉による伝え合い
　　保育士等や友達と心を通わせる中で，絵本や物語などに親しみながら，豊かな言葉や表現を身に付け，経験したことや考えたことなどを言葉で伝えたり，相手の話を注意して聞いたりし，言葉による伝え合いを楽しむようになる。
　コ　豊かな感性と表現
　　心を動かす出来事などに触れ感性を働かせる中で，様々な素材の特徴や表現の仕方などに気付き，感じたことや考えたことを自分で表現したり，友達同士で表現する過程を楽しんだりし，表現する喜びを味わい，意欲をもつようになる。

第 2 章　保育の内容
　この章に示す「ねらい」は，第 1 章の 1 の(2)に示された保育の目標をより具体化したものであり，子どもが保育所において，安定した生活を送り，充実した活動ができるように，保育を通じて育みたい資質・能力を，子どもの生活する姿から捉えたものである。また，「内容」は，「ねらい」を達成するために，子どもの生活やその状況に応じて保育士等が適切に行う事項と，保育士等が援助して子どもが環境に関わって経験する事項を示したものである。
　保育における「養護」とは，子どもの生命の保持及び情緒の安定を図るために保育士等が行う援助や関わりであり，「教育」とは，子どもが健やかに成長し，その活動がより豊かに展開されるための発達の援助である。本章では，保育士等が，「ねらい」及び「内容」を具体的に把握するため，主に教育に関わる側面からの視点を示しているが，実際の保育においては，養護と教育が一体となって展開されることに留意する必要がある。

1　乳児保育に関わるねらい及び内容
　(1)　**基本的事項**
　　ア　乳児期の発達については，視覚，聴覚などの感覚や，座る，はう，歩くなどの運動機能が著しく発達し，特定の大人との応答的な関わりを通じて，情緒的な絆が形成されるといった特きずな徴がある。これらの発達の特徴を踏まえ，乳児保育は，愛情豊かに，応答的に行われることが特に必要である。
　　イ　本項においては，この時期の発達の特徴を踏まえ，乳児保育の「ねらい」及び「内容」については，身体的発達に関する視点「健やかに伸び伸びと育つ」，社会的発達に関する視点「身近な人と気持ちが通じ合う」及び精神的発達に関する視点「身近なものと関わり感性が育つ」としてまとめ，示している。

ウ 本項の各視点において示す保育の内容は，第1章の2に示された養護における「生命の保持」及び「情緒の安定」に関わる保育の内容と，一体となって展開されるものであることに留意が必要である。
(2) ねらい及び内容
ア 健やかに伸び伸びと育つ
健康な心と体を育て，自ら健康で安全な生活をつくり出す力の基盤を培う。
(ｱ) ねらい
① 身体感覚が育ち，快適な環境に心地よさを感じる。
② 伸び伸びと体を動かし，はう，歩くなどの運動をしようとする。
③ 食事，睡眠等の生活のリズムの感覚が芽生える。
(ｲ) 内容
① 保育士等の愛情豊かな受容の下で，生理的・心理的欲求を満たし，心地よく生活をする。
② 一人一人の発育に応じて，はう，立つ，歩くなど，十分に体を動かす。
③ 個人差に応じて授乳を行い，離乳を進めていく中で，様々な食品に少しずつ慣れ，食べることを楽しむ。
④ 一人一人の生活のリズムに応じて，安全な環境の下で十分に午睡をする。
⑤ おむつ交換や衣服の着脱などを通じて，清潔になることの心地よさを感じる。
(ｳ) 内容の取扱い
上記の取扱いに当たっては，次の事項に留意する必要がある。
① 心と体の健康は，相互に密接な関連があるものであることを踏まえ，温かい触れ合いの中で，心と体の発達を促すこと。特に，寝返り，お座り，はいはい，つかまり立ち，伝い歩きなど，発育に応じて，遊びの中で体を動かす機会を十分に確保し，自ら体を動かそうとする意欲が育つようにすること。
② 健康な心と体を育てるためには望ましい食習慣の形成が重要であることを踏まえ，離乳食が完了期へと徐々に移行する中で，様々な食品に慣れるようにするとともに，和やかな雰囲気の中で食べる喜びや楽しさを味わい，進んで食べようとする気持ちが育つようにすること。なお，食物アレルギーのある子どもへの対応については，嘱託医等の指示や協力の下に適切に対応すること。
イ 身近な人と気持ちが通じ合う
受容的・応答的な関わりの下で，何かを伝えようとする意欲や身近な大人との信頼関係を育て，人と関わる力の基盤を培う。
(ｱ) ねらい
① 安心できる関係の下で，身近な人と共に過ごす喜びを感じる。
② 体の動きや表情，発声等により，保育士等と気持ちを通わせようとする。
③ 身近な人と親しみ，関わりを深め，愛情や信頼感が芽生える。
(ｲ) 内容
① 子どもからの働きかけを踏まえた，応答的な触れ合いや言葉がけによって，欲求が満たされ，安定感をもって過ごす。
② 体の動きや表情，発声，喃語等を優しく受け止めてもらい，保育士等とのやり取りをなん楽しむ。
③ 生活や遊びの中で，自分の身近な人の存在に気付き，親しみの気持ちを表す。
④ 保育士等による語りかけや歌いかけ，発声や喃語等への応答を通じて，言葉の理解やな喃語の意欲が育つ。
⑤ 温かく，受容的な関わりを通じて，自分を肯定する気持ちが芽生える。
(ｳ) 内容の取扱い
上記の取扱いに当たっては，次の事項に留意する必要がある。
① 保育士等との信頼関係に支えられて生活を確立していくことが人と関わる基盤

となることを考慮して，子どもの多様な感情を受け止め，温かく受容的・応答的に関わり，一人一人に応じた適切な援助を行うようにすること。
② 身近な人に親しみをもって接し，自分の感情などを表し，それに相手が応答する言葉を聞くことを通して，次第に言葉が獲得されていくことを考慮して，楽しい雰囲気の中での保育士等との関わり合いを大切にし，ゆっくりと優しく話しかけるなど，積極的に言葉のやり取りを楽しむことができるようにすること。

ウ　身近なものと関わり感性が育つ
身近な環境に興味や好奇心をもって関わり，感じたことや考えたことを表現する力の基盤を培う。

(ア)　ねらい
① 身の回りのものに親しみ，様々なものに興味や関心をもつ。
② 見る，触れる，探索するなど，身近な環境に自分から関わろうとする。
③ 身体の諸感覚による認識が豊かになり，表情や手足，体の動き等で表現する。

(イ)　内容
① 身近な生活用具，玩具や絵本などが用意された中で，身の回りのものに対する興味や好奇心をもつ。
② 生活や遊びの中で様々なものに触れ，音，形，色，手触りなどに気付き，感覚の働きを豊かにする。
③ 保育士等と一緒に様々な色彩や形のものや絵本などを見る。
④ 玩具や身の回りのものを，つまむ，つかむ，たたく，引っ張るなど，手や指を使って遊ぶ。
⑤ 保育士等のあやし遊びに機嫌よく応じたり，歌やリズムに合わせて手足や体を動かして楽しんだりする。

(ウ)　内容の取扱い
上記の取扱いに当たっては，次の事項に留意する必要がある。
① 玩具などは，音質，形，色，大きさなど子どもの発達状態に応じて適切なものを選び，その時々の子どもの興味や関心を踏まえるなど，遊びを通して感覚の発達が促されるものとなるように工夫すること。なお，安全な環境の下で，子どもが探索意欲を満たして自由に遊べるよう，身の回りのものについては，常に十分な点検を行うこと。
② 乳児期においては，表情，発声，体の動きなどで，感情を表現することが多いことから，これらの表現しようとする意欲を積極的に受け止めて，子どもが様々な活動を楽しむことを通して表現が豊かになるようにすること。

(3)　保育の実施に関わる配慮事項
ア　乳児は疾病への抵抗力が弱く，心身の機能の未熟さに伴う疾病の発生が多いことから，一人一人の発育及び発達状態や健康状態についての適切な判断に基づく保健的な対応を行うこと。
イ　一人一人の子どもの生育歴の違いに留意しつつ，欲求を適切に満たし，特定の保育士が応答的に関わるように努めること。
ウ　乳児保育に関わる職員間の連携や嘱託医との連携を図り，第３章に示す事項を踏まえ，適切に対応すること。栄養士及び看護師等が配置されている場合は，その専門性を生かした対応を図ること。
エ　保護者との信頼関係を築きながら保育を進めるとともに，保護者からの相談に応じ，保護者への支援に努めていくこと。
オ　担当の保育士が替わる場合には，子どものそれまでの生育歴や発達過程に留意し，職員間で協力して対応すること。

2　1歳以上3歳未満児の保育に関わるねらい及び内容
(1) 基本的事項
ア　この時期においては，歩き始めから，歩く，走る，跳ぶなどへと，基本的な運動機能が次第に発達し，排泄の自立のための身体的機能も整うようになる。つまむ，めくるなどの指先の機能も発達し，食事，衣類の着脱なども，保育士等の援助の下で自分で行うようになる。発声も明瞭になり，語彙も増加し，自分の意思や欲求を言葉で表出できるようになる。このように自分でできることが増えてくる時期であることから，保育士等は，子どもの生活の安定を図りながら，自分でしようとする気持ちを尊重し，温かく見守るとともに，愛情豊かに，応答的に関わることが必要である。

イ　本項においては，この時期の発達の特徴を踏まえ，保育の「ねらい」及び「内容」について，心身の健康に関する領域「健康」，人との関わりに関する領域「人間関係」，身近な環境との関わりに関する領域「環境」，言葉の獲得に関する領域「言葉」及び感性と表現に関する領域「表現」としてまとめ，示している。

ウ　本項の各領域において示す保育の内容は，第1章の2に示された養護における「生命の保持」及び「情緒の安定」に関わる保育の内容と，一体となって展開されるものであることに留意が必要である。

(2) ねらい及び内容
ア　健康
健康な心と体を育て，自ら健康で安全な生活をつくり出す力を養う。

(ア)　ねらい
① 明るく伸び伸びと生活し，自分から体を動かすことを楽しむ。
② 自分の体を十分に動かし，様々な動きをしようとする。
③ 健康，安全な生活に必要な習慣に気付き，自分でしてみようとする気持ちが育つ。

(イ)　内容
① 保育士等の愛情豊かな受容の下で，安定感をもって生活をする。
② 食事や午睡，遊びと休息など，保育所における生活のリズムが形成される。
③ 走る，跳ぶ，登る，押す，引っ張るなど全身を使う遊びを楽しむ。
④ 様々な食品や調理形態に慣れ，ゆったりとした雰囲気の中で食事や間食を楽しむ。
⑤ 身の回りを清潔に保つ心地よさを感じ，その習慣が少しずつ身に付く。
⑥ 保育士等の助けを借りながら，衣類の着脱を自分でしようとする。
⑦ 便器での排泄に慣れ，自分で排泄ができるようになる。

(ウ)　内容の取扱い
上記の取扱いに当たっては，次の事項に留意する必要がある。
① 心と体の健康は，相互に密接な関連があるものであることを踏まえ，子どもの気持ちに配慮した温かい触れ合いの中で，心と体の発達を促すこと。特に，一人一人の発育に応じて，体を動かす機会を十分に確保し，自ら体を動かそうとする意欲が育つようにすること。
② 健康な心と体を育てるためには望ましい食習慣の形成が重要であることを踏まえ，ゆったりとした雰囲気の中で食べる喜びや楽しさを味わい，進んで食べようとする気持ちが育つようにすること。なお，食物アレルギーのある子どもへの対応については，嘱託医等の指示や協力の下に適切に対応すること。
③ 排泄の習慣については，一人一人の排尿間隔等を踏まえ，おむつが汚れていないときに便器に座らせるなどにより，少しずつ慣れさせるようにすること。
④ 食事，排泄，睡眠，衣類の着脱，身の回りを清潔にすることなど，生活に必要な基本的な習慣については，一人一人の状態に応じ，落ち着いた雰囲気の中で行うようにし，子どもが自分でしようとする気持ちを尊重すること。また，基本的

な生活習慣の形成に当たっては，家庭での生活経験に配慮し，家庭との適切な連携の下で行うようにすること。
イ　人間関係
他の人々と親しみ，支え合って生活するために，自立心を育て，人と関わる力を養う。
(ア)　ねらい
① 保育所での生活を楽しみ，身近な人と関わる心地よさを感じる。
② 周囲の子ども等への興味や関心が高まり，関わりをもとうとする。
③ 保育所の生活の仕方に慣れ，きまりの大切さに気付く。
(イ)　内容
① 保育士等や周囲の子ども等との安定した関係の中で，共に過ごす心地よさを感じる。
② 保育士等の受容的・応答的な関わりの中で，欲求を適切に満たし，安定感をもって過ごす。
③ 身の回りに様々な人がいることに気付き，徐々に他の子どもと関わりをもって遊ぶ。
④ 保育士等の仲立ちにより，他の子どもとの関わり方を少しずつ身につける。
⑤ 保育所の生活の仕方に慣れ，きまりがあることや，その大切さに気付く。
⑥ 生活や遊びの中で，年長児や保育士等の真似をしたり，ごっこ遊びを楽しんだりする。
(ウ)　内容の取扱い
上記の取扱いに当たっては，次の事項に留意する必要がある。
① 保育士等との信頼関係に支えられて生活を確立するとともに，自分で何かをしようとする気持ちが旺盛になる時期であることに鑑み，そのような子どもの気持ちを尊重し，温かく見守るとともに，愛情豊かに，応答的に関わり，適切な援助を行うようにすること。
② 思い通りにいかない場合等の子どもの不安定な感情の表出については，保育士等が受容的に受け止めるとともに，そうした気持ちから立ち直る経験や感情をコントロールすることへの気付き等につなげていけるように援助すること。
③ この時期は自己と他者との違いの認識がまだ十分ではないことから，子どもの自我の育ちを見守るとともに，保育士等が仲立ちとなって，自分の気持ちを相手に伝えることや相手の気持ちに気付くことの大切さなど，友達の気持ちや友達との関わり方を丁寧に伝えていくこと。
ウ　環境
周囲の様々な環境に好奇心や探究心をもって関わり，それらを生活に取り入れていこうとする力を養う。
(ア)　ねらい
① 身近な環境に親しみ，触れ合う中で，様々なものに興味や関心をもつ。
② 様々なものに関わる中で，発見を楽しんだり，考えたりしようとする。
③ 見る，聞く，触るなどの経験を通して，感覚の働きを豊かにする。
(イ)　内容
① 安全で活動しやすい環境での探索活動等を通して，見る，聞く，触れる，嗅ぐ，味わうなどの感覚の働きを豊かにする。
② 玩具，絵本，遊具などに興味をもち，それらを使った遊びを楽しむ。
③ 身の回りの物に触れる中で，形，色，大きさ，量などの物の性質や仕組みに気付く。
④ 自分の物と人の物の区別や，場所的感覚など，環境を捉える感覚が育つ。
⑤ 身近な生き物に気付き，親しみをもつ。
⑥ 近隣の生活や季節の行事などに興味や関心をもつ。

(ウ)　内容の取扱い
　　上記の取扱いに当たっては，次の事項に留意する必要がある。
　　① 玩具などは，音質，形，色，大きさなど子どもの発達状態に応じて適切なものを選び，遊びを通して感覚の発達が促されるように工夫すること。
　　② 身近な生き物との関わりについては，子どもが命を感じ，生命の尊さに気付く経験へとつながるものであることから，そうした気付きを促すような関わりとなるようにすること。
　　③ 地域の生活や季節の行事などに触れる際には，社会とのつながりや地域社会の文化への気付きにつながるものとなることが望ましいこと。その際，保育所内外の行事や地域の人々との触れ合いなどを通して行うこと等も考慮すること。

エ　言葉
　経験したことや考えたことなどを自分なりの言葉で表現し，相手の話す言葉を聞こうとする意欲や態度を育て，言葉に対する感覚や言葉で表現する力を養う。
　(ア)　ねらい
　　① 言葉遊びや言葉で表現する楽しさを感じる。
　　② 人の言葉や話などを聞き，自分でも思ったことを伝えようとする。
　　③ 絵本や物語等に親しむとともに，言葉のやり取りを通じて身近な人と気持ちを通わせる。
　(イ)　内容
　　① 保育士等の応答的な関わりや話しかけにより，自ら言葉を使おうとする。
　　② 生活に必要な簡単な言葉に気付き，聞き分ける。
　　③ 親しみをもって日常の挨拶に応じる。
　　④ 絵本や紙芝居を楽しみ，簡単な言葉を繰り返したり，模倣をしたりして遊ぶ。
　　⑤ 保育士等とごっこ遊びをする中で，言葉のやり取りを楽しむ。
　　⑥ 保育士等を仲立ちとして，生活や遊びの中で友達との言葉のやり取りを楽しむ。
　　⑦ 保育士等や友達の言葉や話に興味や関心をもって，聞いたり，話したりする。
　(ウ)　内容の取扱い
　　上記の取扱いに当たっては，次の事項に留意する必要がある。
　　① 身近な人に親しみをもって接し，自分の感情などを伝え，それに相手が応答し，その言葉を聞くことを通して，次第に言葉が獲得されていくものであることを考慮して，楽しい雰囲気の中で保育士等との言葉のやり取りができるようにすること。
　　② 子どもが自分の思いを言葉で伝えるとともに，他の子どもの話などを聞くことを通して，次第に話を理解し，言葉による伝え合いができるようになるよう，気持ちや経験等の言語化を行うことを援助するなど，子ども同士の関わりの仲立ちを行うようにすること。
　　③ この時期は，片言から，二語文，ごっこ遊びでのやり取りができる程度へと，大きく言葉の習得が進む時期であることから，それぞれの子どもの発達の状況に応じて，遊びや関わりの工夫など，保育の内容を適切に展開することが必要であること。

オ　表現
　感じたことや考えたことを自分なりに表現することを通して，豊かな感性や表現する力を養い，創造性を豊かにする。
　(ア)　ねらい
　　① 身体の諸感覚の経験を豊かにし，様々な感覚を味わう。
　　② 感じたことや考えたことなどを自分なりに表現しようとする。
　　③ 生活や遊びの様々な体験を通して，イメージや感性が豊かになる。
　(イ)　内容

　　　　① 水，砂，土，紙，粘土など様々な素材に触れて楽しむ。
　　　　② 音楽，リズムやそれに合わせた体の動きを楽しむ。
　　　　③ 生活の中で様々な音，形，色，手触り，動き，味，香りなどに気付いたり，感じたりして楽しむ。
　　　　④ 歌を歌ったり，簡単な手遊びや全身を使う遊びを楽しんだりする。
　　　　⑤ 保育士等からの話や，生活や遊びの中での出来事を通して，イメージを豊かにする。
　　　　⑥ 生活や遊びの中で，興味のあることや経験したことなどを自分なりに表現する。
　　　(ウ) 内容の取扱い
　　　　上記の取扱いに当たっては，次の事項に留意する必要がある。
　　　　① 子どもの表現は，遊びや生活の様々な場面で表出されているものであることから，それらを積極的に受け止め，様々な表現の仕方や感性を豊かにする経験となるようにすること。
　　　　② 子どもが試行錯誤しながら様々な表現を楽しむことや，自分の力でやり遂げる充実感などに気付くよう，温かく見守るとともに，適切に援助を行うようにすること。
　　　　③ 様々な感情の表現等を通じて，子どもが自分の感情や気持ちに気付くようになる時期であることに鑑み，受容的な関わりの中で自信をもって表現をすることや，諦めずに続けた後の達成感等を感じられるような経験が蓄積されるようにすること。
　　　　④ 身近な自然や身の回りの事物に関わる中で，発見や心が動く経験が得られるよう，諸感覚を働かせることを楽しむ遊びや素材を用意するなど保育の環境を整えること。

　(3) **保育の実施に関わる配慮事項**
　　ア 特に感染症にかかりやすい時期であるので，体の状態，機嫌，食欲などの日常の状態の観察を十分に行うとともに，適切な判断に基づく保健的な対応を心がけること。
　　イ 探索活動が十分できるように，事故防止に努めながら活動しやすい環境を整え，全身を使う遊びなど様々な遊びを取り入れること。
　　ウ 自我が形成され，子どもが自分の感情や気持ちに気付くようになる重要な時期であることに鑑み，情緒の安定を図りながら，子どもの自発的な活動を尊重するとともに促していくこと。
　　エ 担当の保育士が替わる場合には，子どものそれまでの経験や発達過程に留意し，職員間で協力して対応すること。

3　**3歳以上児の保育に関するねらい及び内容**
　(1) **基本的事項**
　　ア この時期においては，運動機能の発達により，基本的な動作が一通りできるようになるとともに，基本的な生活習慣もほぼ自立できるようになる。理解する語彙数が急激に増加し，知的興味や関心も高まってくる。仲間と遊び，仲間の中の一人という自覚が生じ，集団的な遊びや協同的な活動も見られるようになる。これらの発達の特徴を踏まえて，この時期の保育においては，個の成長と集団としての活動の充実が図られるようにしなければならない。
　　イ 本項においては，この時期の発達の特徴を踏まえ，保育の「ねらい」及び「内容」について，心身の健康に関する領域「健康」，人との関わりに関する領域「人間関係」，身近な環境との関わりに関する領域「環境」，言葉の獲得に関する領域「言葉」及び感性と表現に関する領域「表現」としてまとめ，示している。
　　ウ 本項の各領域において示す保育の内容は，第1章の2に示された養護における「生命の保持」及び「情緒の安定」に関わる保育の内容と，一体となって展開されるもの

であることに留意が必要である。
(2) ねらい及び内容
　ア　健康
　　健康な心と体を育て，自ら健康で安全な生活をつくり出す力を養う。
　　(ｱ)　ねらい
　　　①　明るく伸び伸びと行動し，充実感を味わう。
　　　②　自分の体を十分に動かし，進んで運動しようとする。
　　　③　健康，安全な生活に必要な習慣や態度を身に付け，見通しをもって行動する。
　　(ｲ)　内容
　　　①　保育士等や友達と触れ合い，安定感をもって行動する。
　　　②　いろいろな遊びの中で十分に体を動かす。
　　　③　進んで戸外で遊ぶ。
　　　④　様々な活動に親しみ，楽しんで取り組む。
　　　⑤　保育士等や友達と食べることを楽しみ，食べ物への興味や関心をもつ。
　　　⑥　健康な生活のリズムを身に付ける。
　　　⑦　身の回りを清潔にし，衣服の着脱，食事，排泄などの生活に必要な活動を自分でする。
　　　⑧　保育所における生活の仕方を知り，自分たちで生活の場を整えながら見通しをもって行動する。
　　　⑨　自分の健康に関心をもち，病気の予防などに必要な活動を進んで行う。
　　　⑩　危険な場所，危険な遊び方，災害時などの行動の仕方が分かり，安全に気を付けて行動する。
　　(ｳ)　内容の取扱い
　　　上記の取扱いに当たっては，次の事項に留意する必要がある。
　　　①　心と体の健康は，相互に密接な関連があるものであることを踏まえ，子どもが保育士等や他の子どもとの温かい触れ合いの中で自己の存在感や充実感を味わうことなどを基盤として，しなやかな心と体の発達を促すこと。特に，十分に体を動かす気持ちよさを体験し，自ら体を動かそうとする意欲が育つようにすること。
　　　②　様々な遊びの中で，子どもが興味や関心，能力に応じて全身を使って活動することにより，体を動かす楽しさを味わい，自分の体を大切にしようとする気持ちが育つようにすること。その際，多様な動きを経験する中で，体の動きを調整するようにすること。
　　　③　自然の中で伸び伸びと体を動かして遊ぶことにより，体の諸機能の発達が促されることに留意し，子どもの興味や関心が戸外にも向くようにすること。その際，子どもの動線に配慮した園庭や遊具の配置などを工夫すること。
　　　④　健康な心と体を育てるためには食育を通じた望ましい食習慣の形成が大切であることを踏まえ，子どもの食生活の実情に配慮し，和やかな雰囲気の中で保育士等や他の子どもと食べる喜びや楽しさを味わったり，様々な食べ物への興味や関心をもったりするなどし，食の大切さに気付き，進んで食べようとする気持ちが育つようにすること。
　　　⑤　基本的な生活習慣の形成に当たっては，家庭での生活経験に配慮し，子どもの自立心を育て，子どもが他の子どもと関わりながら主体的な活動を展開する中で，生活に必要な習慣を身に付け，次第に見通しをもって行動できるようにすること。
　　　⑥　安全に関する指導に当たっては，情緒の安定を図り，遊びを通して安全についての構えを身に付け，危険な場所や事物などが分かり，安全についての理解を深めるようにすること。また，交通安全の習慣を身に付けるようにするとともに，避難訓練などを通して，災害などの緊急時に適切な行動がとれるようにすること。

イ 人間関係
　他の人々と親しみ、支え合って生活するために、自立心を育て、人と関わる力を養う。
（ア）ねらい
　① 保育所の生活を楽しみ、自分の力で行動することの充実感を味わう。
　② 身近な人と親しみ、関わりを深め、工夫したり、協力したりして一緒に活動する楽しさを味わい、愛情や信頼感をもつ。
　③ 社会生活における望ましい習慣や態度を身に付ける。
（イ）内容
　① 保育士等や友達と共に過ごすことの喜びを味わう。
　② 自分で考え、自分で行動する。
　③ 自分でできることは自分でする。
　④ いろいろな遊びを楽しみながら物事をやり遂げようとする気持ちをもつ。
　⑤ 友達と積極的に関わりながら喜びや悲しみを共感し合う。
　⑥ 自分の思ったことを相手に伝え、相手の思っていることに気付く。
　⑦ 友達のよさに気付き、一緒に活動する楽しさを味わう。
　⑧ 友達と楽しく活動する中で、共通の目的を見いだし、工夫したり、協力したりなどする。
　⑨ よいことや悪いことがあることに気付き、考えながら行動する。
　⑩ 友達との関わりを深め、思いやりをもつ。
　⑪ 友達と楽しく生活する中できまりの大切さに気付き、守ろうとする。
　⑫ 共同の遊具や用具を大切にし、皆で使う。
　⑬ 高齢者をはじめ地域の人々などの自分の生活に関係の深いいろいろな人に親しみをもつ。
（ウ）内容の取扱い
　上記の取扱いに当たっては、次の事項に留意する必要がある。
　① 保育士等との信頼関係に支えられて自分自身の生活を確立していくことが人と関わる基盤となることを考慮し、子どもが自ら周囲に働き掛けることにより多様な感情を体験し、試行錯誤しながら諦めずにやり遂げることの達成感や、前向きな見通しをもって自分の力で行うことの充実感を味わうことができるよう、子どもの行動を見守りながら適切な援助を行うようにすること。
　② 一人一人を生かした集団を形成しながら人と関わる力を育てていくようにすること。その際、集団の生活の中で、子どもが自己を発揮し、保育士等や他の子どもに認められる体験をし、自分のよさや特徴に気付き、自信をもって行動できるようにすること。
　③ 子どもが互いに関わりを深め、協同して遊ぶようになるため、自ら行動する力を育てるとともに、他の子どもと試行錯誤しながら活動を展開する楽しさや共通の目的が実現する喜びを味わうことができるようにすること。
　④ 道徳性の芽生えを培うに当たっては、基本的な生活習慣の形成を図るとともに、子どもが他の子どもとの関わりの中で他人の存在に気付き、相手を尊重する気持ちをもって行動できるようにし、また、自然や身近な動植物に親しむことなどを通して豊かな心情が育つようにすること。特に、人に対する信頼感や思いやりの気持ちは、葛藤やつまずきをも体験し、それらを乗り越えることにより次第に芽生えてくることに配慮すること。
　⑤ 集団の生活を通して、子どもが人との関わりを深め、規範意識の芽生えが培われることを考慮し、子どもが保育士等との信頼関係に支えられて自己を発揮する中で、互いに思いを主張し、折り合いを付ける体験をし、きまりの必要性などに気付き、自分の気持ちを調整する力が育つようにすること。
　⑥ 高齢者をはじめ地域の人々などの自分の生活に関係の深いいろいろな人と触れ

合い，自分の感情や意志を表現しながら共に楽しみ，共感し合う体験を通して，これらの人々などに親しみをもち，人と関わることの楽しさや人の役に立つ喜びを味わうことができるようにすること。また，生活を通して親や祖父母などの家族の愛情に気付き，家族を大切にしようとする気持ちが育つようにすること。

ウ　環境
　周囲の様々な環境に好奇心や探究心をもって関わり，それらを生活に取り入れていこうとする力を養う。
　(ア)　ねらい
　　①　身近な環境に親しみ，自然と触れ合う中で様々な事象に興味や関心をもつ。
　　②　身近な環境に自分から関わり，発見を楽しんだり，考えたりし，それを生活に取り入れようとする。
　　③　身近な事象を見たり，考えたり，扱ったりする中で，物の性質や数量，文字などに対する感覚を豊かにする。
　(イ)　内容
　　①　自然に触れて生活し，その大きさ，美しさ，不思議さなどに気付く。
　　②　生活の中で，様々な物に触れ，その性質や仕組みに興味や関心をもつ。
　　③　季節により自然や人間の生活に変化のあることに気付く。
　　④　自然などの身近な事象に関心をもち，取り入れて遊ぶ。
　　⑤　身近な動植物に親しみをもって接し，生命の尊さに気付き，いたわったり，大切にしたりする。
　　⑥　日常生活の中で，我が国や地域社会における様々な文化や伝統に親しむ。
　　⑦　身近な物を大切にする。
　　⑧　身近な物や遊具に興味をもって関わり，自分なりに比べたり，関連付けたりしながら考えたり，試したりして工夫して遊ぶ。
　　⑨　日常生活の中で数量や図形などに関心をもつ。
　　⑩　日常生活の中で簡単な標識や文字などに関心をもつ。
　　⑪　生活に関係の深い情報や施設などに興味や関心をもつ。
　　⑫　保育所内外の行事において国旗に親しむ。
　(ウ)　内容の取扱い
　　上記の取扱いに当たっては，次の事項に留意する必要がある。
　　①　子どもが，遊びの中で周囲の環境と関わり，次第に周囲の世界に好奇心を抱き，その意味や操作の仕方に関心をもち，物事の法則性に気付き，自分なりに考えることができるようになる過程を大切にすること。また，他の子どもの考えなどに触れて新しい考えを生み出す喜びや楽しさを味わい，自分の考えをよりよいものにしようとする気持ちが育つようにすること。
　　②　幼児期において自然のもつ意味は大きく，自然の大きさ，美しさ，不思議さなどに直接触れる体験を通して，子どもの心が安らぎ，豊かな感情，好奇心，思考力，表現力の基礎が培われることを踏まえ，子どもが自然との関わりを深めることができるよう工夫すること。
　　③　身近な事象や動植物に対する感動を伝え合い，共感し合うことなどを通して自分から関わろうとする意欲を育てるとともに，様々な関わり方を通してそれらに対する親しみや畏敬の念，生命を大切にする気持ち，公共心，探究心などが養われるようにすること。
　　④　文化や伝統に親しむ際には，正月や節句など我が国の伝統的な行事，国歌，唱歌，わらべうたや我が国の伝統的な遊びに親しんだり，異なる文化に触れる活動に親しんだりすることを通じて，社会とのつながりの意識や国際理解の意識の芽生えなどが養われるようにすること。
　　⑤　数量や文字などに関しては，日常生活の中で子ども自身の必要感に基づく体験

を大切にし，数量や文字などに関する興味や関心，感覚が養われるようにすること。

エ　言葉

経験したことや考えたことなどを自分なりの言葉で表現し，相手の話す言葉を聞こうとする意欲や態度を育て，言葉に対する感覚や言葉で表現する力を養う。

(ア)　ねらい
① 自分の気持ちを言葉で表現する楽しさを味わう。
② 人の言葉や話などをよく聞き，自分の経験したことや考えたことを話し，伝え合う喜びを味わう。
③ 日常生活に必要な言葉が分かるようになるとともに，絵本や物語などに親しみ，言葉に対する感覚を豊かにし，保育士等や友達と心を通わせる。

(イ)　内容
① 保育士等や友達の言葉や話に興味や関心をもち，親しみをもって聞いたり，話したりする。
② したり，見たり，聞いたり，感じたり，考えたりなどしたことを自分なりに言葉で表現する。
③ したいこと，してほしいことを言葉で表現したり，分からないことを尋ねたりする。
④ 人の話を注意して聞き，相手に分かるように話す。
⑤ 生活の中で必要な言葉が分かり，使う。
⑥ 親しみをもって日常の挨拶をする。
⑦ 生活の中で言葉の楽しさや美しさに気付く。
⑧ いろいろな体験を通じてイメージや言葉を豊かにする。
⑨ 絵本や物語などに親しみ，興味をもって聞き，想像をする楽しさを味わう。
⑩ 日常生活の中で，文字などで伝える楽しさを味わう。

(ウ)　内容の取扱い

上記の取扱いに当たっては，次の事項に留意する必要がある。
① 言葉は，身近な人に親しみをもって接し，自分の感情や意志などを伝え，それに相手が応答し，その言葉を聞くことを通して次第に獲得されていくものであることを考慮して，子どもが保育士等や他の子どもと関わることにより心を動かされるような体験をし，言葉を交わす喜びを味わえるようにすること。
② 子どもが自分の思いを言葉で伝えるとともに，保育士等や他の子どもなどの話を興味をもって注意して聞くことを通して次第に話を理解するようになっていき，言葉による伝え合いができるようにすること。
③ 絵本や物語などで，その内容と自分の経験とを結び付けたり，想像を巡らせたりするなど，楽しみを十分に味わうことによって，次第に豊かなイメージをもち，言葉に対する感覚が養われるようにすること。
④ 子どもが生活の中で，言葉の響きやリズム，新しい言葉や表現などに触れ，これらを使う楽しさを味わえるようにすること。その際，絵本や物語に親しんだり，言葉遊びなどをしたりすることを通して，言葉が豊かになるようにすること。
⑤ 子どもが日常生活の中で，文字などを使いながら思ったことや考えたことを伝える喜びや楽しさを味わい，文字に対する興味や関心をもつようにすること。

オ　表現

感じたことや考えたことを自分なりに表現することを通して，豊かな感性や表現する力を養い，創造性を豊かにする。

(ア)　ねらい
① いろいろなものの美しさなどに対する豊かな感性をもつ。
② 感じたことや考えたことを自分なりに表現して楽しむ。

③ 生活の中でイメージを豊かにし，様々な表現を楽しむ。
(イ) 内容
① 生活の中で様々な音，形，色，手触り，動きなどに気付いたり，感じたりするなどして楽しむ。
② 生活の中で美しいものや心を動かす出来事に触れ，イメージを豊かにする。
③ 様々な出来事の中で，感動したことを伝え合う楽しさを味わう。
④ 感じたこと，考えたことなどを音や動きなどで表現したり，自由にかいたり，つくったりなどする。
⑤ いろいろな素材に親しみ，工夫して遊ぶ。
⑥ 音楽に親しみ，歌を歌ったり，簡単なリズム楽器を使ったりなどする楽しさを味わう。
⑦ かいたり，つくったりすることを楽しみ，遊びに使ったり，飾ったりなどする。
⑧ 自分のイメージを動きや言葉などで表現したり，演じて遊んだりするなどの楽しさを味わう。
(ウ) 内容の取扱い
上記の取扱いに当たっては，次の事項に留意する必要がある。
① 豊かな感性は，身近な環境と十分に関わる中で美しいもの，優れたもの，心を動かす出来事などに出会い，そこから得た感動を他の子どもや保育士等と共有し，様々に表現することなどを通して養われるようにすること。その際，風の音や雨の音，身近にある草や花の形や色など自然の中にある音，形，色などに気付くようにすること。
② 子どもの自己表現は素朴な形で行われることが多いので，保育士等はそのような表現を受容し，子ども自身の表現しようとする意欲を受け止めて，子どもが生活の中で子どもらしい様々な表現を楽しむことができるようにすること。
③ 生活経験や発達に応じ，自ら様々な表現を楽しみ，表現する意欲を十分に発揮させることができるように，遊具や用具などを整えたり，様々な素材や表現の仕方に親しんだり，他の子どもの表現に触れられるよう配慮したりし，表現する過程を大切にして自己表現を楽しめるように工夫すること。

(3) 保育の実施に関わる配慮事項
ア 第1章の4の(2)に示す「幼児期の終わりまでに育ってほしい姿」が，ねらい及び内容に基づく活動全体を通して資質・能力が育まれている子どもの小学校就学時の具体的な姿であることを踏まえ，指導を行う際には適宜考慮すること。
イ 子どもの発達や成長の援助をねらいとした活動の時間については，意識的に保育の計画等において位置付けて，実施することが重要であること。なお，そのような活動の時間については，保護者の就労状況等に応じて子どもが保育所で過ごす時間がそれぞれ異なることに留意して設定すること。
ウ 特に必要な場合には，各領域に示すねらいの趣旨に基づいて，具体的な内容を工夫し，それを加えても差し支えないが，その場合には，それが第1章の1に示す保育所保育に関する基本原則を逸脱しないよう慎重に配慮する必要があること。

4 保育の実施に関して留意すべき事項
(1) 保育全般に関わる配慮事項
ア 子どもの心身の発達及び活動の実態などの個人差を踏まえるとともに，一人一人の子どもの気持ちを受け止め，援助すること。
イ 子どもの健康は，生理的・身体的な育ちとともに，自主性や社会性，豊かな感性の育ちとがあいまってもたらされることに留意すること。
ウ 子どもが自ら周囲に働きかけ，試行錯誤しつつ自分の力で行う活動を見守りながら，適切に援助すること。

エ　子どもの入所時の保育に当たっては，できるだけ個別的に対応し，子どもが安定感を得て，次第に保育所の生活になじんでいくようにするとともに，既に入所している子どもに不安や動揺を与えないようにすること。
　オ　子どもの国籍や文化の違いを認め，互いに尊重する心を育てるようにすること。
　カ　子どもの性差や個人差にも留意しつつ，性別などによる固定的な意識を植え付けることがないようにすること。

(2) **小学校との連携**
　ア　保育所においては，保育所保育が，小学校以降の生活や学習の基盤の育成につながることに配慮し，幼児期にふさわしい生活を通じて，創造的な思考や主体的な生活態度などの基礎を培うようにすること。
　イ　保育所保育において育まれた資質・能力を踏まえ，小学校教育が円滑に行われるよう，小学校教師との意見交換や合同の研究の機会などを設け，第1章の4の(2)に示す「幼児期の終わりまでに育って欲しい姿」を共有するなど連携を図り，保育所保育と小学校教育との円滑な接続を図るよう努めること。
　ウ　子どもに関する情報共有に関して，保育所に入所している子どもの就学に際し，市町村の支援の下に，子どもの育ちを支えるための資料が保育所から小学校へ送付されるようにすること。

(3) **家庭及び地域社会との連携**
　子どもの生活の連続性を踏まえ，家庭及び地域社会と連携して保育が展開されるよう配慮すること。その際，家庭や地域の機関及び団体の協力を得て，地域の自然，高齢者や異年齢の子ども等を含む人材，行事，施設等の地域の資源を積極的に活用し，豊かな生活体験をはじめ保育内容の充実が図られるよう配慮すること。

編者紹介
須本　良夫（SUMOTO, Yoshio）　　（第 1, 4 章）
　岐阜大学教育学部社会科教育講座教授
　岐阜大学附属小・中学校長（2016.3 月より兼務）
　広島大学附属東雲小学校教諭を経て岐阜大学　　平成 21.4～（現在に至る）
　専門分野：初等社会科教育授業設計論, 生活科授業設計論
　主要著書
　　『社会科教育におけるカリキュラム・マネジメントゴールを基盤とした実践及び教員養成のインストラクション』（共編著）梓出版社, 2017
　　『社会科授業づくりハンドブック（小学校編）』（分担執筆）明示図書出版, 2015
　　『若い教師のための小学校社会科 Capter15』（編著）梓出版, 2012
　　『社会科教育実践ハンドブック』（分担執筆）明示図書出版, 2011
　　『気付きの質を高める生活科指導法』（共編著）東洋館出版社, 2011
　　『生活科教育　—21 世紀のための教育創造—』（分担執筆）明示図書出版 2010
　　　　　　　　　　　　　　　　　　　　　　　　　　　　　　　　　他

執筆者一覧（執筆順・敬称略　2017 年 3 月現在）
　柘植　良雄　：岐阜聖徳学園大学（第 2 章）
　井深　智子　：岐阜聖徳学園大学（第 2 章）
　神永　典郎　：白百合女子大学（第 3 章）
　上之園公子　：比治山大学（第 3 章）
　土井　徹　　：富山大学（第 5 章）
　有島　智美　：富山大学人間発達科学部附属小学校（第 5 章）
　小谷恵津子　：畿央大学（第 6 章）
　石田　浩子　：広島大学東附属雲小学校（第 7 章）
　藤井　祐矢　：白川村立白川郷学園（第 8 章）
　菊池八穂子　：名古屋学院大学（第 9 章）
　石田　奈々　：羽島市立足近小学校（第 10 章）
　石井　信孝　：広島大学附属三原小学校（第 11 章）
　森保　尚美　：広島女学院大学（第 12 章）
　岩坂　尚史　：お茶の水女子大学附属小学校（第 13 章）
　石原　正悟　：岐阜大学教育学部附属小学校（トピック）
　佐藤　秀行　：岐阜大学教育学部附属小学校（トピック）

生活科で子どもは何を学ぶか
――キーワードはカリキュラム・マネジメント――

2018(平成30)年3月26日　初版第1刷発行
2024(令和6)年10月31日　初版第6刷発行

編著者　須本 良夫
発行者　錦織 圭之介
発行所　株式会社　東洋館出版社
　　　　〒101-0054　東京都千代田区神田錦町2丁目9番1号
　　　　　　　　　　コンフォール安田ビル2階
　　　　代　表　電話 03-6778-4343
　　　　　　　　FAX 03-5281-8091
　　　　営業部　電話 03-6778-7278
　　　　　　　　FAX 03-5281-8092
　　　　振替　00180-7-96823
　　　　URL　https://www.toyokan.co.jp

装　幀　國枝 達也
印刷・製本　藤原印刷株式会社

ISBN978-4-491-03503-1　Printed in Japan

JCOPY　<(社)出版者著作権管理機構　委託出版物>
本書の無断複写は著作権法上での例外を除き禁じられています。複写される場合は、そのつど事前に、(社)出版者著作権管理機構(電話 03-5244-5088, FAX03-5244-5089, e-mail:info@jcopy.or.jp)の許諾を得てください。